フロイト、ユング、アドラーを超える心理学
エリック・バーンの交流分析

Eric Berne & Transactional Analysis

著 イアン・スチュアート　訳 日本交流分析学会

実業之日本社

ERIC BERNE by Ian Stewart
English language edition published by SAGE Publications of London,
Thousand Oaks, New Delhi and Singapore, © Ian Stewart, 1992
Japanese translation published by arrangement with
Sage Publications Ltd. through The English Agency (Japan) Ltd.

エリック・バーンの
交流分析

はじめに

　私は、エリック・バーンは「カウンセリングと心理療法におけるキーパーソン」と呼ばれるに値する人物である、と信じています。しかしまた、同時代人の中で、もっとも誤解され、誤って伝えられ、十分に評価されていない人物の一人とも思っています。

　この本では、バーンが提示した形で彼の考えを説明し、しばしば彼の著作にまとわりついている誤解の霧を払い、バーンの著述の真意の再評価の試みをしました。もし彼のアプローチが正しく理解されたなら、「カウンセリングと心理療法への20世紀の偉大な貢献者」として高く評価されるものと確信しています。彼の著作の多くは、交流分析の分野だけでなく、他の専門的な分野でも活用できるものである、と理解されるものです。

　バーンは、20数年前に亡くなりました。それ以後、交流分析は、バーンが築いた礎の上に立ち、革新されてきました。私は、当初のバーンの貢献を直接明らかにすることによって、他の学派のカウンセラーや心理療法家にも近年の交流分析の発展を理解しやすくなるように、と心がけました。

　とくに、交流分析の理論や実践と普及している他の心理療法との接点を見つけ、いかに交流分析がそれ以外のアプローチに貢献できるか、またそれらから学ぶことができるか、を示すことを目的としています。

本書の構成

　この本の章立ては、以下の通りです。

　第一章は、エリック・バーンの生涯と経歴についての簡潔な概観です。この章では、バーンが活動していた当時の状況の背景を要約して述べたいと思います。

　第二章では、心理療法とカウンセリングの分野への、バーンの主な理論上の貢献を概説します。他の理論家や当時の一般的な知的風潮がいかにバーンの活動に影響を及ぼしたかについても触れたいと思います。

　第三章では、引き続きカウンセリングや心理療法の治療におけるバーンの主な貢献を明らかにします。さらに、前章で論じた理論的な考察を、実際の治療の各側面に関連づけて説明します。

　バーンの考えは、賞賛を呼ぶ一方、批判も招きました。第四章では、バーン理論への著名な批判者たち何名かの批判について論評します。バーン自身の意図に反して、なぜ多くの誤解や非難を招くようになったのか、という点についても考えてみたいと思います。

　最後の第五章では、現在のカウンセリングや心理療法の理論と実践へのバーンの貢献を評価します。

1991年
イアン・スチュアート
英国・ノッティンガムにて

フロイト、ユング、アドラーを超える心理学 エリック・バーンの交流分析 目次

はじめに　　　002
本書の構成　　　003

第一章
エリック・バーンの生涯　　　007

エリック・バーンの伝記　　　008
エリック・バーンという人は　　　018

第二章
バーンの主な理論的貢献　　　027

理論におけるバーンの貢献の本質　　　028
バーン理論の哲学的基礎　　　032
バーン理論の概観　　　034
基本理論としての「自我状態による構造のモデル」　　　035
「やり取り」とは　　　045
心理ゲームとは　　　052
「脚本」とは　　　060
構造のモデルの上級理論　　　075

第三章
実践面へのバーンの主な貢献　087

心理療法に対するバーンの哲学　088
心理療法家に適した人柄　093
心理療法における関係　096
「治ること」の本質　103
契約方式　109
治療の順序　118

第四章
エリック・バーンへの批判と反論　133

コーベルと「心理の道化」という批判　135
ヤロムと交流分析の用語　143
バーンが誤解を招いたのか？　154

第五章
バーンの全般的な影響　163

今日の交流分析に対するバーンの影響　165
エリック・バーンの広範な影響：その予測　176

日本語への翻訳にあたって　190

装幀・本文デザイン
若松隆(ワイズファクトリー)

第一章
エリック・バーンの生涯

——エリック・バーンは『Games People Play（あなたが演じる心理ゲーム）』*の著者として有名であるが、それにもかかわらず、私が最も重要な事実と思う面、とくに精神医学分野において大きな影響力を持ったパイオニアでそれを根本から変えた科学者であったという事実は、あまり知られていない[1]。

*（訳者注）本邦では1967年南博によって『人生ゲーム入門―人間関係の心理学』として訳出されている。

これは、「交流分析」の創始者であるバーンの死の直後に、共同研究者だった心理学者クロード・シュタイナーが記した言葉です。「**精神医学分野に大きな影響を持ったパイオニアで、根本から変えた科学者**」であるというシュタイナーの評価は、私も「その通りだ」と思いましたし、今もそう信じています。

精神医学や心理学の理論はその創始者の生き方やパーソナリティと関係が深いと言われますが、はたしてエリック・バーンはどのような人だったのでしょうか。

これから、バーンの生涯と、知人だけが知っていたその複雑なパーソナリティについてみてみることにしましょう。

エリック・バーンの伝記

エリック・バーンは1910年5月、カナダのモントリオールに生まれ、（ユダヤ的な）エリック・レナルド・バーンシュタインと名づけられました（後に彼は名前をエリック・バーンと変えました）。父は一般臨床医で、母はプロの文筆家でした。

小さいエリックはお父さん子で、毎日の父の往診についていくことを楽しみにしていました。しかしエリックが10歳の時、父は38歳の若さで、結核で亡くなりました。その後は母がよく働き、エリックとその妹を育てました。

後になって、成人のエリックは「**人が、どのように人生を物語として設計するか**」を明らかにし、心理療法の学説に貢献しました。彼は「**人の人生物語は、その始めの数行に、すでにプロットの種とその結末を含んでいる**」ことを示しましたが、エリック・バーンの人生物語の始まりもその通りだったのでしょうか？

心臓発作で早逝した後に出版された最後の本で、バーンは心理療法家たちに、次の

ようにアドバイスしています。

——将来確実に自殺しそうな人には、死について、次の２つの絶対的なルールをきちんと伝えるべきである。
　１．子どもたち全員が18歳になるまで、親は死んではいけない。
　２．両親のどちらかが生きている限り、子どもは死んではいけない。

　最愛の父が「死についての絶対的なルール・その１」を破ったとき、小さなエリックがどのような決断をしたかは、推測するしかありません。わかることは、「父親と母親がそれぞれとっていた役割をモデルとし、自分の人生において結びつけた」という事実です。彼は、医師であるとともに勤勉な文筆家でもある、という道を歩んだのです。
　父の影響は、職業選択に留まりませんでした。1961年に出版した最初の交流分析の本『**Transactional Analysis in Psychotherapy**（心理療法における交流分析）』において、バーンはラテン語で、父に次の献辞を捧げました[2]。

　　　　本書を、医学博士、優れた外科医、そして貧しい者のための医師であった亡き父、デイヴィッドに捧げます。

　バーンの父デイヴィッド・ヒレル・バーンシュタインは、医師として、すべてを「貧しい者に奉仕」した人でした。恵まれないユダヤ人地区に無料診療所を設立し、その運営に当たりました[3]。
　バーンは、医療の伝統的な理想に高い敬意を払った父をモデルにしました。その理想は「患者を治し、有害な事象を取り除き、患者の福祉に対して責任を持つ」というものです。またバーンは、父のように、貧富やその地位にかかわらず、すべての人の尊厳に深い敬意を払いました。
　ときどき医師としての職業的態度で自分のこのような側面を隠していましたが、バーンが書いたものを読み込むと、彼の本当の姿がみえてきます。先にみたように、彼は父への献辞を伝統的な医学用ラテン語で書いたのですが、それを翻訳した人には、その意味は明らかでした。

第二次世界大戦前のバーン——精神分析を学ぶ

　エリック・レナルド・バーンシュタイン、後のエリック・バーンは、1935年、父

の姿をまねるように、マギル大学で医学博士、外科修士の称号を得ました。その後間もなく米国に渡り、エール大学医学部で精神科の研修を始め、次いでニューヨークの病院に移り、精神科医として働き始めました。

この時期に彼は米国の市民権を得て、エリック・バーンと改名しました。1940年までには、病院での仕事に加えて個人クリニックを開き、この仕事のパターンを一生続けて行こうと考えていました。また最初の妻と結婚し、2人の子どもをもうけました。

1941年、バーンは、ニューヨーク精神分析研究所で、精神分析の専門家になるためのトレーニングを受け始めました。教育分析家としてポール・フェダーンを選びましたが、これはバーンにとって意義ある出会いとなりました。というのは、フェダーンの自我心理学の理論が、後にバーン自身のパーソナリティ理論を形成する出発点となったのです。

第二次世界大戦時中のバーン――直観の力に着目

バーンは、1943年米国陸軍の軍医部隊に加わり、軍のいろいろな病院で精神科医として働き、最後には少佐に昇進しました。彼は、軍務期間中、グループを対象にした治療を始めました。また近くの精神病院で、民間人のグループに対しても同じ治療を行ないました。

バーンはこの頃すでに精神医学や心理療法への批判的論文を集め始めていましたが、これが後の著作の基礎となったように思います。彼は、「直観」が持つ力にとくに関心を持ちました。1945年陸軍は彼にある仕事を命じましたが、それは彼の関心事にぴたりと一致したのでした。

直観についての実験：バーンは、同僚の軍医たちと一緒に、入隊を申請した兵士たちの検査を行ないました[3]。各兵士は小部屋へと分かれ、医師による身体検査を受けました。

最後の小部屋を担当したバーンに与えられた検査時間は、一人当たり40秒から90秒でした。バーンは、各兵士に次の2つの質問をしました。
「あなたは今、神経質になっていますか？」
「精神科医にかかったことがありますか？」

バーンは、どのような目的でこの質問をしたかについて、何も明らかにしていません。しかし、どんな場合でも彼は、直観についての彼の仮説を検証する基礎として、検査を利用することに関心を持っていました。

彼はまず、兵士が２つの質問に回答する前にその答えを想像し、自分の想像が正しかったかどうか記録しました。さらに、「その兵士が民間ではどのような仕事に就いていたか」を直感で判断するようにし、結果を後に人事記録と照合して、その正確さを確かめました。隊務が終わったときにバーンは、約１万人の軍人にこの実験を行なっていました。
　バーンが直観についてどのような発見をしたのかを知りたいとき、その内容は『The Nature of Intuition（直観の性質）』という題の論文で見ることができます[4]。今振り返ってみると、直観の実験は多くの意義を持っていました。それは、バーンの後期の考えの中心となった３つのポイントを最初に示したものだったからです。
　第１に、バーンは「直観は、科学や診療における観察の価値ある、役立つ手段である」という仮説とともに「臨床医はいつも、自分の直観と客観的な観察とを比べ、調べていく必要がある」と考えていました。「直観と客観的な調査は、研究者と臨床医の両者にとってとても意義がある」というのです。
　第２に、バーンは「理解することと言葉で表現することは異なっていて、両者には必ずしも直接的な関係はない」という結論を出しました。

　　　直観したことを理解するためには、何を知っているか、それをどのように知ったかを言葉で表わさなければならない、という思い込みは捨てる必要がありそうである。……犬は物がわかっているし、蜂もそうである……真の知識とは、言葉を知っているというより、どのように行動するかを知っていることである[4]。（強調は著者による）

　私は引用文の最後を強調しましたが、それは、バーンの心理療法へのアプローチの中心となる原則を表わしているからです。バーンにとって心理療法の目標は、単なる「洞察」ではありませんでした。
　その代わりに、治療者とクライエントは変化するため、そして治るために積極的に行動すべきである。両者にとっての鍵は「言葉を知る」ことより「どのように行動するかを知る」ことである——この姿勢は、洞察志向の精神分析の伝統からバーンが大胆に離れたことを示すものでした。
　第３に、軍人を対象としたバーンの研究は、言葉によらないサインを瞬間的に捉える方法を得るよい機会となり、それが彼の治療法の特徴となりました。彼はとくに、このサインはしばしば人々の間で交わされる「本当の」メッセージを伝えるもので、それは話される言葉の意味と異なっているようにみえる点に、注目したのです。これが、彼のコミュニケーション理論の基礎となりました。

第二次世界大戦後のバーン

1946年、バーンは除隊となりましたが、その年末に『The mind in action（行動における心）』5)（1949年に出版、後に『A Layman's Guide to Psychiatry and Psychoanalysis（精神医学と精神分析入門）』6)に改訂出版された）の原稿を書き上げました。彼は、ニューヨークから西海岸に引っ越し、カリフォルニアのカーメルに居を構えました。

バーンの次の一歩は、サンフランシスコ精神分析研究所で、精神分析家になるためのトレーニングを再開することでした。1947年にエリク・エリクソンの教育分析を受け始め、それは2年間続きました。前のポール・フェダーンのように、エリクソンもまた、後のバーンの考え方に大きな影響を及ぼしました。

そのとくに重要なものは、次の2つです。

その1つは、「人の発達は、人生全体にわたる構造的な順番に従っている」という見方（ライフサイクル論）です。もう1つは、「個人の人生やパーソナリティは、社会的な（社交的な）枠組みの中で考えるときにのみ十分に理解することができる」というものです7)。

バーンは、カーメル移住後、サンフランシスコの病院の精神科副部長の職を得ました。また、米陸軍公衆衛生局長官のコンサルタントとしても働き始めました。間もなく復員軍人病院での精神科医になったのですが、そのときは軍医をやめ、個人診療を始めていました。同時に彼は、診療のかたわら著作と講演という多忙なスケジュールをこなすようになっていきました。

その間にバーンは、最初の結婚を解消し、1949年に再婚しました。2番目の妻との間に2児をもうけ、15年後に友好的に離婚するまでその関係は続きました。

その妻には3人の連れ子がいたので、バーンの家には、1950年代初めまで5人の子どもがいたことになります。彼はいわゆる「家長」の役割を大いに楽しんだのですが、やるべき仕事の邪魔は絶対にさせませんでした。庭に小屋を建て、週末にはそこに引きこもり、著作のスケジュールをこなしていったのです。

定期的なセミナーを開催する：1950年代初めの画期的なできごとの1つは、バーンが定期的に夜間セミナーの指導を開始したことです。この会合では、臨床家たちがレポートを提出し、考えを取り交わしました。その中心テーマは「社会（社交の）精神医学」でした。

バーンの死後もセミナーは、彼の死を乗り越えて続けられました。このセミナーが、交流分析の初期の成長の豊かな土壌となったことは明らかです。

精神分析から離れる：バーンは、1949年以来精神医学の専門誌に多くの論文を発表しました。この中には、その後交流分析の考え方の基礎になった「直観」に関する論文もありました。しかし彼は、1950年代初期にはまだ精神分析の古典的な用語を使って自分の考えを発表していました。

彼は精神分析家としてのトレーニングを続けていたのですが、（当時の）精神分析に批判的な論文も発表し始めました。それが結局、精神分析の主流から外れる原因となりました。たとえば、1949年の「直観」に関する論文の中で「前意識と無意識を含む**『潜在意識』**という言葉は受け入れられる」と主張しましたが、これは（その概念を否定していた）当時のフロイト正統派にとっての挑戦である、とみなされました。

バーンは1956年の終わりに正式に精神分析協会の会員資格を申請しましたが、却下されてしまいました。評価者のコメントは、「さらに数年間、トレーニングと個人分析を継続するなら、再申請してもよい」というものでした。

バーンの友人たちによると、彼はこの却下を厳しく受けとめたとのことです。いずれにしても彼は、この評価者の申し出を受け入れないことに決め、その代わり、自分のライフ・ワークという別コースに向かって出発しました。バーンは、伝統的な精神分析が持つ欠点から離れ、別の心理療法理論を開発し、実践することになったのです。

交流分析を創始する

精神分析から離れることで、バーンが用いる用語や理論が明らかに変化しました。精神医学誌への発表も続けましたが、彼は今や、交流分析のために新しく考え出した言葉を用いて自分の考えを構成するようになりました。1958年までには交流分析の主な用語や考えがすべて含まれた論文を発表するようになり、これらは後の著作に結実しました。

バーンの次の著作上の画期的なできごとは、その３年後に訪れました。1961年に**『心理療法における交流分析』**が出版されたのです[2]。

この本は、すべてが交流分析のために書かれた最初のものでした。それは、1950年代後期に医学誌に発表したバーンの理論的な考えをまとめ、心理療法の実践の議論へと展開したものです。この本は、パーソナリティと対人コミュニケーションについての理論をバーンの後のどの著作よりも完全に描き出しています。

バーンは、この本の中で彼の理論で重大な意味を持つ用語について十二分に説明しています。また、彼の考えが精神分析の考えの上に、しかし別の形で、どのように築かれたかを明らかにしています。

この中心的な考えには、その後の著作の多くでは、ほんのわずかしか触れていません。それは、**読者が既に『心理療法における交流分析』を読んでいる**ことを前提にしたからでしょう。このことが、彼の著作が後に誤解されてしまったことに関係があったのではないかと思います。

　バーンはこの時代を通して専門誌に論文を発表し続けましたが、そのすべてが交流分析をテーマにしていたのはありませんでした[8]。彼の生涯にわたる他の関心事の一つは、世界各地域の精神医学の比較研究でした。バーンは、1948年から1960年の間に、インド、香港、トルコ、フィリピンなど南太平洋諸国を旅行し、多くの精神病院を訪問しました。その結果は専門誌に報告され、また彼の新しい理論が、文化の違いを超えてどれだけ適用できるかを判断するよい機会になりました。

　バーンの職業上のもう1つの関心は、「グループ療法」でした。このテーマのいろいろな理論を比較した研究を行ない、後に自分独自の理論も付け加えました。この分野の彼の研究は、次の著作『**The Structure and Dynamics of Organizations and Groups（組織とグループの構造と力動）**』のテーマになりました[9]。

　バーンは、そのときまで著作家として眼をみはるような成功を収めていたわけではなかったにしても、しっかりした地位を築きつつありました。彼の『**行動における心**』を改訂した『**精神医学および精神分析入門**』は長期に売れ続け、第3版までに25万部もの販売を記録しました。

　それまでバーンの著作は、この一冊を除き、真価がわかる限られた読者によってのみ読まれてきたのですが、間もなくこの事情は一変しました。次の本の出版は、彼の人生に、また交流分析の歴史の上に、消すことができない名声を刻んだのです。

『あなたが演じる心理ゲーム』出版とその後

「心理ゲーム」という概念がバーンの専門的論文に登場したのは、1964年の『**あなたが演じる心理ゲーム**』の出版より数年前のことです[10]。ここで「心理ゲーム」＊とは、人が楽しみに行なう一般のゲームという意味ではなく、人の裏をかき、自分の隠された動機を達成するものを指しています。すなわち、「**繰り返し行なわれるパターン化された一連の行動**」で「**結果を予測することができ、苦痛な結末を伴うことがわかっているもの**」を示す言葉です。人は、何ら気づくことなく、このパターンを進行させてしまいます。

　＊（訳者注）本書では、原書の「game」が交流分析用語として用いられる場合、「心理

ゲーム」と訳している。これは、米国の原語が遊び、競技、勝負、駆け引き、策略など多義的に使われているのに対し、わが国で「ゲーム」という場合「子どもの遊び」として狭く使われることが多いためである。

1960年代初期まで、バーンと同僚たちは心理ゲームの分析に興味を強く持っていました。バーンの例にならって同僚たちは、いろいろな心理ゲームのパターンを観察し、それにくだけた日常語の標題を付けました。「どうして……しないの？──はい、でも」「私をいじめて」「さあ捕まえたぞ、この野郎」「性的誘惑」などですが、この中には生き生きと感じられる標題がありました。「心理ゲームの分析」は、繰り返される苦痛な相互作用を理解し、そうしないように人を助ける効果的な方法を約束するように思われました。

『あなたが演じる心理ゲーム』の中でバーンは、そのときまで「心理ゲーム」に分類されていたものをリストアップしました。そして、「その相互作用が典型的にはどのように進行するか」を分析し、いくつかのケースで「その進行をどうやって中断したり避けたりすることができるか」を示しました[11]。

バーンは、その説明の前に、交流分析理論全体を簡単に紹介しました。その最終章では、「心理ゲームから逃れて自由になることを選んだ人にとって、人生はどのような意味を持つようになるか」を簡単に考察しています。

バーンは、もともと『あなたが演じる心理ゲーム』の読者として専門家を対象に考えていて、一般の読者に売れるとは予想もしていませんでした。バーンの同僚のボブ・グールディングによれば、出版の販売実績が好調にみえるよう、バーンは友人たちに初版の買占めを頼みこんだとのことです[12]。しかしその心配はまったくありませんでした。この本はブームとなり、すぐベストセラーのリストに入りました。大衆誌にも連載され、月間優秀書籍にも選ばれ、15カ国語に翻訳されて、バーンは一躍有名人になりました。

「心理ゲーム」「ストローク」「OK」のような交流分析の用語は、本来の意味を十分理解しているかどうかは別にして、日常会話で使われるようになりました。おそらくメディアが与えた『あなたが演じる心理ゲーム』に対する最高の栄誉は、本の名前がついたポップ・ソングが登場したときだったでしょう。

『あなたが演じる心理ゲーム』の出版により、バーンと交流分析の理論は、20世紀の心理療法の分野でとてもユニークな形で大衆の目に触れることとなりました。このときに火がついた大衆の興味は、その後10年間続きました。後でわかったことですが、大衆の人気を得たこの時代のせいで、後の専門家たちはバーンの業績を受け入れることが困難になったのでした。

ここで1960年代後半の状況を簡単に説明すると、文字通り数百万の人々がバーンと交流分析の名を耳にしていました。しかし彼らの交流分析の知識は、『あなたが演じる心理ゲーム』のみか、メディアの簡単な情報から得たものに過ぎませんでした。
　実は、『あなたが演じる心理ゲーム』は一般の読者のために書かれたものではなく、そこにおける交流分析理論の説明は意図的に簡略にされたものでした。バーンは、専門家の読者は前作をすでに読んでいるか、前作を参照して十分に理解していることを期待していたのです。一般の読者には、意識的に選ばれた日常表現の背後に存在する理論の深さは理解されることがないまま、覚えやすい「(心理) ゲーム」の名称だけが届いたのです。
　それだけではありません。さらに注目すべきことに、『あなたが演じる心理ゲーム』は、心理ゲームについてのバーンの十分に発展した考えを代表するものではありませんでした。この本が書かれた1960年代初めには、バーンと同僚たちはまだ心理ゲームの真の理解を得ておらず、模索の途中でした。実は、バーンの最後の著書『こんにちはの後に、あなたは何と言いますか』が完成に近づいた1970年ころまでに、彼は心理ゲームの定義に大きな変更を加えていたのです。

バーンの晩年

『あなたが演じる心理ゲーム』を書く前でさえすでに猛烈だった忙しさが、それまでにもまして公式の席での講演の依頼が殺到するなど、バーンの専門家としてのスケジュールは一層忙しくなりました。それでも彼は、病院の仕事や個人診療の約束を一度も破ることなく、専門家に向けた著作も書き続けました。1966年には、著書『Principles of Group Treatment (グループ治療の原則)』が出版されました。
　この本は、初期の専門誌の論文に加え、彼の生涯を通じて関心を持って行なったグループ療法の理論と実践についての考えをまとめたものです。ここでは、交流分析の枠組に捉われず、グループという環境で治療者が利用できる、他のいろいろな治療モデルも扱われています。
　さて、バーンの第2の結婚生活は、1964年の離婚で幕を閉じました。彼は、自分に課した厳しい日常業務の手を休めることなく新しい伴侶を探し始め、1967年には3番目の妻と結婚しました。しかしこの結婚もすぐに行き詰まり、1970年初めに離婚することになりました。
　バーンはなぜ3度も離婚したのでしょうか？　彼の書いたものの中にはその手がかりはありません。彼は、どの本の中でも、自分の個人生活には決して触れませんでし

た[13] [14]）。バーンはそもそも、親しい同僚たちと話しているときでさえ、個人的なことについては口が堅かったのです。

1970年ころまでに、バーンは2冊の本を書きました。両書とも、専門家だけでなく、一般の読者を対象にしています。

1970年の『**Sex in Human Loving（性と愛の交流分析）**』は、性的な関係を探究するものですが、現在よく知られている交流分析の枠組みを基にしていて、バーンのウイットや哲学がよく表われています[15]）。

1972年の『**What Do You Say After You Say Hello?（こんにちはの後に、あなたは何と言いますか）**』は、自我状態と並んで交流分析のもう一つの中心概念になっている「脚本」を集中的に扱ったものです[16]）。

脚本の考えは、心理ゲームと同じように、バーンの早い時期の交流分析の著作においても、簡単ではありますが、述べられています[17]）。しかし1960年代後半までには、彼とその同僚たちは、考えをより深く発展させました。バーンは、「人は、子どものときに自分で作った前意識の人生プランに従って人生の大半を生きるようだ」と唱えました。この人生プランが、その人の脚本に当たります。

1970年代後期までにバーンと同僚たちは、「脚本の分析が人の人生パターンを理解する鍵であり、また治療において変化を達成する鍵でもある」と考えるようになりました。心理ゲームはこの広いパターンの一構成要素である、とみなされたのです。

以上の2冊の本は、1970年6月ころには校正刷りの段階になっていました。その月の終わりにカーメルの海岸を散歩していたバーンの胸背部に、突然鋭い痛みが走りました。これが何を示しているかを察した彼は、病院に連れて行くように依頼しました。幸い心電図は正常だったので（心筋梗塞とは判断されなかったので）、しばらく自宅で休養するように言われて帰宅しました。そしてその2日後、ひどい心臓発作に襲われました。

バーンは、急きょ集中治療室に搬送されましたが、1週間ほどで病状は回復しました。危機を脱したと考えた担当医は、彼を一般病棟に移しました。バーンは『**性と愛の交流分析**』の校正刷りを取り寄せ、病院のベッドに座りながら仕事を続けました。

しかしその1週間後、バーンは予兆なく2回目の心臓発作に襲われました。担当医やナースたちは最善を尽くしましたが、心臓のダメージはひどく、1970年7月15日、バーンは60歳で亡くなりました。

エリック・バーンという人は

　　エリック・バーンという人がとくに興味深く素晴らしいと思えたのは、サンフランシスコの火曜夜間セミナーに出席した夕べでした……バーンは自宅の階段に座っていて、訪れる仲間一人ひとりに『ハーイ』と暖かい声をかけました。玄関のドア近くに立ち、男性には心を込めて握手し、女性には優しくハグしたり軽くたたいたりして迎え入れていました。不機嫌だったり、むっつりしたり、という姿はほとんど見ませんでした。よく笑顔を見せ、親しくジョークを言い、その深くよく通る声は暖かく響きました[13]。

これは、交流分析セミナーの初期の仲間の一人、ワレン・チェニーの印象です。バーンがいつものワーク・セッションをどのように扱ったかについて、チェニーは次のように言っています。

　　（バーンは）午後8時半から10時半の間、テーマとプレゼンターに敬意を表し、その人の話を熱心に聞くように求め、コーヒーなどを飲むことを禁じました。10時になるとすぐに討議をやめましたが、プレゼンターに感謝の意を表わすことを忘れませんでした。また、彼がケースの準備作業に対してもいつも心から感謝していることは、私たちによくわかりました[13]。

バーンは討議の時間が終わると「さあ、これから楽しむ時間だよ」と宣言した、とチェニーは言っています。

　　彼にとって、遊ぶことは真面目な仕事と同じく大切なことでした。楽しむ時間には真面目な質問に答えることを極端に嫌っていました。楽しみは楽しみであって、仕事ではなかったからです。気分が乗ってくると、家を出て近くの酒場に皆を招き、一緒に楽しみました[13]。

　バーンは、このセミナーを続けていたのとほぼ同じ時期、シカゴの専門家グループを対象とした交流分析入門講義の依頼を受けました。主催者は、後に交流分析のリーダー的理論家になった心理療法家のファニタ・イングリッシュでした。バーンがこの依頼を受け入れてから、彼女はバーンの話を聴く日を待ちわびました。
　しかし事は期待通りには運びませんでした。イングリッシュは、15年後の公開書簡で、亡くなったバーン宛に次のように書いています。

> 悲しいことに、この素晴らしい計画はうまくいかなかった。あなた（バーン）は、私たちの一人ひとりを怒らせることに、意地悪な歓びを見出したのだろうか。そのとき、私は落胆のあまり、どんな悪いことをしたというのか、まったく見当もつかなかった[18]。

チェニーが述べたセミナーの夕べの優しいホストのバーンと、このバーンは同一人物でありうるのでしょうか？
答えは、明らかに「ありうる」です。
もう一人のセミナーの出席者であり、当時ソーシャル・ワーカーであったジャッキー・シフは、バーン以後の交流分析の主要な理論家となりました。彼女はバーンについて、自分の個人的な体験を記録しています。

> エリック・バーンの創造的で非凡な才能を、グループの皆はわかっていた。私は、他の人が記憶しているほど、彼が温かく寛大な人道主義者とは思わなかった。人間的な彼の姿は、伝説に埋没したのかもしれない。……彼は、舌鋒鋭く、競争心旺盛で、果てしなく議論をする人だった。彼の優しさは、うまく説明できない気分や思いがけない敵意で隠れてしまい、わかりにくいことがあった。ときどきいらいらして、彼の自信や能力が覆い隠されてしまうこともあった。グループが一般的にリーダーに求める資質はあまりなく、積極的にリーダーの役割を取ろうとしなかった。それにもかかわらず、人々を励まし、誠実さと愛情を与え、生き生きとした好奇心を持ち、見せかけには我慢できず、知的な成果に対しては敬意を払うという彼の態度が、グループの性格を形作っていた[19]。

彼を思い出すときに何度も繰り返される話題は、バーンに対する個々人の反応の際立った違いです。ジャッキー・シフは、早くからの友人で、バーンの肯定的な面と否定的な面の両方をみていたようです。他の人たちは、両面のうち一面のみ体験したのでしょう。
サンフランシスコ・セミナー・グループの最初の秘書は、次のようにみています。

> エリック・バーンと親しい人たちは、彼を一人の男であり、「治療者エリック・バーン」でもあるとみていた。しかし他の人たちには、この２つの面は分離されていた。「冷静で、論理的で、科学的な専門家」の面だけをみていたかもしれないし、その反対の「温かい、思いやりのある人」とだけ考えていたかもしれない[20]。

バーンに対する相反する見解は、彼の親しい仲間たちの間だけのものではありませんでした。

バーンが1962年に精神科医として勤務していたマックオーリー神経精神分析研究所の上級ソーシャル・ワーカーは、その当時を顧みて、精神科医の同僚がバーンをどのように受け止めていたかについて書いています。

> 彼についての人々の意見は、はっきり分かれたようだ。「二つの異なった傾向が共存している」とみる人はほとんどなく、何か貢献できる人とみるか、ハッタリ屋とみるかのどちらかであった[21]。

カリスマ的な権威者は、往々にして肯定、否定両方の見方を引き起こすようです。それだけでなく、バーンと親しい人々のコメントから判断すると、彼は**多面的で、矛盾するパーソナリティの持ち主**であったように思います。

ミュリエル・ジェイムズは、バーンに早くから交流分析の指導を受けた一人ですが、後に同僚となり、交流分析のベストセラーの著者として彼の志を継ぎました。ジェイムズはセミナーの会合にも出席していましたが、バーンの思い出を次のように語っています。

> バーンは、講義中は皆に飲食を禁じましたが、自分はパイプを吹かし、レポートの発表や討議の間もパイプ・クリーナーを上手に使っていました。しかし、それを指摘する人はいませんでした。指摘すれば、同じように討議の進行の妨げになる、と思ったからです[22]。

ジェイムズは、次のように言っています。

> パーソナリティが一貫していない様子は、どこでもみられたようだ。……エリックを知っていた人は、おそらく、それぞれ違った見方をしていたことだろう[21]。

彼女自身は、「信頼のおける、素晴らしい人。恥ずかしがり屋だが、一緒にいると楽しい、たいへん才気ある人」と思ってバーンに接していました[22]。

長い間バーンと親しく交わってきた多くの人たちは、複雑な気持ちで、それぞれ相反するような反応をしていたように思います。先にみたように、ファニタ・イングリッシュのバーンに対する第一印象は、たいへん否定的なものでした。しかし彼女は、いかに多くのものをバーンから学んだか、振り返って感謝しています[18]。とくに「執筆恐怖症が治ったのは彼のお陰だ」と言っています。ただし、「バーンのお陰で執筆恐怖症が治ったのですが、とはいえ、その対決的なやり方には複雑な感情を持ちま

した」とイングリッシュは語っています。

具体的には、次のような経過でした。

彼女は、バーンも出席するはずだった会議でプレゼンテーションを行なうことになっていました。また、専門誌に投稿できるよう、その内容を論文の形にまとめておくことを、バーンに約束していました。だが彼女はそうしなかったのです。

イングリッシュが会議場に到着したとき、バーンはすでに彼女を待っていました。彼は「論文を書き上げましたか」と会話を切り出しました。「まだ書いていません」と彼女が言うと、彼は「それなら、あなたのプレゼンテーションには出席しないよ」と冷やかに言って、立ち去ってしまったのです。

イングリッシュは、その日のうちにテーマについてバーンと話そうと努めましたが、「君が論文を書くまでは話したくないんだ」と言われました。彼女は、その態度に激怒しました。そして、あまりの怒りにいたたまれず、家に帰ってタイプを叩きつけて論文を書き上げ、直ちにバーンに送りました。

彼はいつものようにすぐ返事をくれ、彼女の考えをほめましたが、書き方については指導を行ない、英語の先生に推敲してもらうようにアドバイスしました。

彼女はそのときバーンとの争いで頭が一杯になっていたので、自分の執筆恐怖症のことをまったく忘れていました。その後文章を推敲して専門誌に送ったところ、採用され出版されたのです。

クロード・シュタイナーの回想

クロード・シュタイナーは、早くからのバーンの親しい同僚でした。彼は、著書『**Scripts People Live（人が生きる脚本）**』の中で、バーンを回想しています[1]。1958年に二人が最初に出会って以来、親しい交友関係を築いてきたシュタイナーは、次のように回想しました。

> 親しい関係になるまでに長い年月がかかったが、ゆっくりと親しい関係を育むことができた。その間に困った問題が起こり、彼から離れようと思ったこともあったが、今は多くの良い思い出が残っている[1]。

シュタイナーは、セミナーの会合で考えを明瞭にするように求めるバーンのやり方に対し、チェニーが受けたような衝撃を受けました。

バーンは、……会合の間中コーヒーやアルコール類を飲むことを禁じ、（注意をそらしてしまうような）「小賢しい考え」で会議の進行を邪魔することを許さなかった。科学的な会合では、（取りつくろうような）逃げ口、（大口を叩く）弁解、（小利口な話や空論による）無駄な時間、飲み物によって騒々しく音を立てることを禁じていた[1]。

シュタイナーも、ジャッキー・シフと同じように、**専門的な言葉を使った回りくどい表現や誇張した言い回しを指摘するバーンのやり方**に感心していました。

　彼は、短い言葉、短い文章、短いレポートを求め、また会合やプレゼンテーションも短くするように強く主張し、専門家風に人を煙に巻くことを徹底的に排除した。「受動的な」「敵対的な」「依存的な」のような形容詞を使うことを避け、人間を描写する際には動詞を使うように求めた[1]。

バーンが実際、自分の限界を超えて激しく仕事に打ち込んでいたことは、シュタイナーにはよくわかっていました。

　……私の評価では、ストロークをもらったり、バーン自身が楽しんだりすることはあまりなかった。彼の人生は仕事中心で、主な目標であった「人々を治すための本」を書くことにも追い立てられていた[1]。

シュタイナーは、「ストローク」という言葉を、**承認すること、感謝すること、触れ合うこと**の意味で、文字通りにも、比喩的にも使っています。

シュタイナーも、初期のセミナーに出席していた他の人と同じ様に、セミナー終了後の楽しみの時間、すなわち時々バーンも参加した特別の「飛んだり跳ねたりのパーティ」を回想しています。同時にシュタイナーは、皆が楽しむようにバーンがやり方を選んで、その進め方を厳密にコントロールしたことも記しています。またバーンが、堅苦しく「大人ぶって」楽しみの邪魔をする人たちには意地悪だったことも回想しています。

ミュリエル・ジェームズは、同じように、遊ぶときでもバーンが「いかに厳格な『親』の姿勢を崩さなかったか」を書き留めています[22]。

あるときは「コントロールする親」であり、あるときは「いたずら小僧」であるというバーンのパーソナリティの矛盾は、クロード・シュタイナーが描き出すバーンの人物像の中で繰り返されるテーマでした。

尊厳の維持が最も重要なことだった。……医者仲間に対しては強い義理立てをし、いつも伝統的な作法でつながりを維持しようと務めた。……その一方、茶目っ気があり、ウイットに富み、いたずらっぽいところがあった[1]。

バーンのパーソナリティの「いたずら小僧」の表現として、シュタイナーは彼の著作を通じてみられる「底がないユーモア」を指摘しています。確かにユーモアはあったのですが、多くの場合、それは警句や皮肉の形をとっていました。

1940年、バーンは「コンドームは誰だったか？」という題の記事を書いていますが、それは「コンドームの発明者が誰であったか」という真面目な研究でした。この論文は学術誌に正式に掲載されました[23]。

1970年6月のバーン最後の講演は、「ノンバーバルな側面（非言語面）の対人相互作用の影響の理論**から離れて**」という題でした[24]。（聴衆は、「ノンバーバルな側面の対人相互作用の影響」を聞きに集まっていたのですが）バーンは話し始めるとすぐに、聴衆の助けになるように、「この話の題は、もう既にお気づきのように、ジョークです」と言いました。この講演自体は、心理療法の性質と目的についてもっとも説得力ある報告を含んだ、バーンの代表的なものだったのですが。

バーンは、専門的な出版物を出すためによく働いて多忙でしたが、その一方、ウイットのきいた短評、なぞなぞ、寓話などの小さな記事をペンネームで書き続けました。

このような彼の相反するパーソナリティの両側面を、どうやって調和的に理解したらよいのでしょうか？

シュタイナーはバーンの2側面を結びつけるものがあると考えましたが、ミュリエル・ジェームズもその点に気づいていました。専門家としての尊厳、父親的な愛情、学生っぽいイタズラ心、というように変化する外見の背後に、バーンは「恥ずかしがり屋」の姿を隠していたのです。

> 彼は恥ずかしがり屋だったが、他人が（「子ども」で）楽しく遊ぶ子どもっぽい姿にとても興味を持っていた。……子どもたちや、他人の「子ども」の姿を愛し、ほめたたえたが、彼自身は恥ずかしがり屋だったので、とても安全だと思える場合を除いて、自分の「子ども」を表現して他人にみせようとはしなかったのだ[1]。

バーンが演じた心理ゲームは？

ファニタ・イングリッシュは、バーンを「一皮むくと傷つきやすい人」だったとみ

ています[18]）。彼女は、バーンの没後10年を振り返り、彼が始めた心理ゲーム理論に基づいてバーンと他人との関係を分析しています。ご存じの通り、心理ゲームは「繰り返し行なわれる一連の相互作用で、痛々しい結末を迎えるもの」です。
　イングリッシュは、バーン宛の公開書簡の中で、バーンが演じた心理ゲームに対してどのように対決したかを次のように回想しています。

> 私は、「私をいじめたことを、ヤツらはきっと後悔するだろう」と私が名づけた心理ゲームをあなた（バーン）が演じた、と言った（あなたは同意しなかったが）。その心理ゲームは、人をわざと挑発することから始まる……そして人は、あなたがいかに賢いか、あなたを過小評価したり非難したりすべきでなかったかに気づく……あなたは人にそう思わせるのだ……あなたへの報酬は、あなたを過小評価した思いあがった人たちを軽蔑することだった。結局彼らは、バーン博士の天才（！）を充分認めなかったことを後悔するようになっただろう[18]）。

　イングリッシュは、バーンの死後10年余を経て、彼に「公開書簡」を書きましたが、その間に心理ゲーム理論の改訂版を開発していました[25]）。「注目（＝「ストローク」）を得るための操作的な手段として、人が気づかずに用いる感情と行動のパターン」を「ラケット」（人をヒッカケる行動）と呼び、その役割に焦点を当てたのです。
　ラケットは、直接的手段で注目を得ることに失敗したときの「次善の策」として、子どものときに学習されたものです。子どもは、気持ちが良い承認が得られないと思うと、苦痛な方法による注目（＝「ネガティブなストローク」）を得ようと計画するかもしれないのです。イングリッシュは、このような新しい考えに照らして、バーンが演じた心理ゲームの背後に存在する動機について次のように解釈しています。

> 私は、あなたがネガティブなストロークを得るために、子どもっぽいユーモアや皮肉を使うのをよくみて驚いた。これは愛情を求める欲求や、優しさや、温かい感情が表面に出ることを「恐れた」ときにいつも現われる代理感情だった、と私は今解釈している。……ぶ厚いレンズの眼鏡をかけ、痩せた、鼻が大きいユダヤの子どもをイメージしている。その子は、頭がよくても腕力がなく、おそらく「弱みをみせない」ことが奨励されたカナダの小学校で、それを成し遂げようとした少年だ。……これは私のイメージだが、幼いエリックの容姿では、期待したほどポジティブなストロークが得られなかったのだろう。また、直観で、あるいは「小さな教授」が「裸の王様」に尋ねるように（世界の本当の姿を見ようとする）エリックの見方についても同様だったのではないかと思う。彼の賢さは、ネガティブなストロークを蓄えるための「巧みなまぬけ」に変わって

いった。そして「少なくとも、その次には彼をあざけろうと決して思わないほどバカげていると感じさせたり、嫌な気持ちに陥らせたりすること」が彼の楽しみとなった。しかし、このラケット感情（本物の感情を覆い隠す偽りの感情）のために、後で得られるはずの多くの本物のストロークを受け入れたり心に刻みつけたりすることができなくなったのだ[18]。

私には、ファニタ・イングリッシュがバーンの生涯とパーソナリティについて鋭い考察をしているように映ります。

エリック・バーンの最後のシーン

バーンが医者の幼い息子としてすでに何か決断していたとすれば、その人生物語の最後のシーンはどのようなものだったでしょうか？

バーンの友人であり、親しい仲間でもあったクロード・シュタイナーに、締めくくりの言葉を述べてもらうことにしましょう。

> バーンが導入した素晴らしい考えの1つは、人生早期に決めた脚本に人々が忠実に従い、その人生が運命づけられてしまう、というものである。私は、彼は「失意の中で早い死を迎える」という脚本の影響の下にあったのではないかと考えている。この悲劇的な終末は、他人を愛すること、他人の愛を受け入れることへの禁止令の結果であるが、また、独立心旺盛で人と距離を取ろうとすることのたいへん強い影響の結果でもあった。……バーンは、自分の心臓をある程度ケアしていたが、しかし十分に労ることはできない人だった。彼はとても愛されていたが、しかし、悲しいことに、この愛も彼のためにはほとんど役立たなかった。労わる言葉も、彼の心にはほとんど通じなかった。こう思うとき、私は悲しみで一杯になる。バーンの愛情関係は短いもので、彼が必要とし、望んだ安息は得られなかった。彼は人との距離を取った孤独な姿勢を守り、仕事だけを追究したのである。
> ……私もその一人であったが、バーンを愛した人、またバーンが愛した人に彼が置いた距離によって、彼は自分への慰労を受け取ることができなかった。そして彼は、私たちの人生から消えていった。私は今でも、彼がいない隙間を感じている——彼は、カーメルの暖かい海岸で、99歳まで生きられたかもしれないのに[1]。

文　献

1) Steiner, C. (1974): Scripts People Live: Analysis of Life Scripts. New York: Grove Press.
2) Berne, E. (1961): Transactional Analysis in Psychotherapy. New York: Grove Press.
3) Berne. E. (1976): Beyond Games and Scripts (eds C. Steiner and C. Kerr). New York: Grove Press.
4) Berne, E. (1949): The Nature of Intuition, The Psychiatric Quarterly 23: 203-26. Reprinted in Berne, E. (1977) Intuition and Ego-States (ed. P. McCormick). San Francisco: TA Press.
5) Berne, E. (1947): The Mind in Action, New York: Simon and Schuster.
6) Berne, E. (1957): A Layman's Guide to Psychiatry and Psychoanalysis. New York: Simon and Schuster.
7) Erikson, E. (1950): Childhood and Society. New York: W. W. Norton.
8) Cranmer, R. (1971): Eric Berne: Annotated Bibhography, Transactional Analysis Journal 1(1): 23-9.
9) Berne, E. (1963): The Structure and Dynamics of Organizations and Groups. New York: Lippincott.
10) Berne, E. (1958): Transactional Analysis: a New and Effective Method of Group Therapy. American Journal of Psychotherapy 12: 735-43. Reprinted in Berne, E. (1977) Intuition and Ego-States (ed. P .McCormick). San Francisco: TA Press.
11) Berne, E. (1964): Games People Play. New York: Grove Press.
12) Goulding, R. and M. Goulding (1978): The Power is in the Patient. San Francisco: TA Press.
13) Cheney, W. (1971): Eric Berne: Biographical Sketch Transactional Analysis Journal (1): 14-22. Reprinted in Steiner, C. and C. Kerr (eds) (1976) Beyond Games and Scripts. New York: Grove Press.
14) Steiner, C (1991): Interview: on the Early Years of Transactional Analysis. Waldkirch: A. Kohlhaas-Reith.
15) Berne, E. (1970): Sex in Human Loving. New York: Simon and Schuster.
16) Berne. E. (1972): What Do You Say After You Say Hello? New York: Grove Press.
17) Berne, E. (1958): Transactional Analysis: a New and Effective Method of Group Therapy, American Journal of Psychotherapy 12: 735-43. Reprinted in Berne, E. (1977) Intuition and Ego-States (ed. p. McCormick). San Francisco: TA Press.
18) English, F. (1981): Letters to John McNeel, Editor, TAJ and Dr Eric Berne, Transactional Analysis Journal 11 (1): 46-9.
19) Shiff, J. (1977): One Hundred Children Generate a Lot of TA, in G. Barnes (ed.) Transactional Analysis After Eric Berne: Teachings and Practices of Three TA Schools. New York: Harper's College Press.
20) Callaghan, V. (1971): A Living Euhemerus Never Dies: Section Transactional Analysis Journal 1(1): 66-9.
21) Levaggi, J. (1971): A Living Euhemerus Never Dies: Section I, Transactional Analysis Journal 1(1): 64-6.
22) James, M. (1977): Eric Berne, the Development of TA, and the ITAA, in M. James (ed.) Techniques in Transactional Analysis for Psychotherapists and Counselors. Reading: Addison-Wesley.
23) Berne, E. (1940): Who Was Condom?, Human Fertility 5: 172-6.
24) Berne, E. (1971): Away from a Theory of the Impact of Interpersonal Interaction on Non-Verbal Participation, Transactional Analysis Journal 1(1): 6-13. Reprinted in Berne, E. (1976). Beyond Games and Scripts (eds C. Steiner and C. Kerr). New York: Grove Press.
25) English, F. (1977): Let's Not ClaimIt's Script When It Ain't, Transactional Analysis Journal 7(2): 130-8.

第二章
バーンの主な理論的貢献

理論は、「……小さなコンピュータやたいへん精巧な計算機の前に座って考えるだけで、おそらく自分では人の行動をみずに作った人間行動の理論」なのか、「多くの体験から抽出した本当の理論」なのか、この2つのどちらかである。多くの患者を診れば診るほど、あなたの理論はより真実に近づくだろう……。

　エリック・バーンは、上のように言っています[1]。
　バーン理論は、その治療体験に基づいたものでした。彼は、「理論は、観察によって広く検証されるものでなければならない」と強く主張しました。バーンにとっての価値ある理論は、実際に役立つもののことでした。それで、私が「何がバーンの主な貢献なのか」を選定するにあたって、この精神に従うことにしました。
　ここではバーンの理論と実践の考えの背景となっている彼の哲学的な観点について述べていき、その後でバーン理論について説明したいと考えています。
　しかしその前に、「バーンの理論がどうしてそんなに価値があるのか」について考えていきたいと思います。
　バーンが行なった貢献の**本質**はどのようなものだったのでしょう？
　心理療法の理論において、バーンはどのような新しく、重要な貢献をしたのでしょうか？

理論におけるバーンの貢献の本質

　交流分析は、バーンの豊かな想像力からのみ生まれたものではありません。反対に、彼の主な考えの多くは、それまでの学説を発展させたものです。バーンが精神分析家として受けたトレーニングも、その理論形成に大きく影響しています。
　それでは、バーンが進めた意義ある新しいステップはどのようなものだったのでしょうか？
　それは、精神力動的な（精神分析的な）枠組みを守りながら、同時に現実の世界を観察する（よく見てとる）ことによって直接検証することができる理論を構築したことです。
　バーン理論の中心は、実際に観察できるできごとについての記述です。このことは理論の論理構築に欠かせない部分であり、また、理論を現実の世界と照らし合わせて

体系的に検証する手段を与えることにもなっています。

　もちろん、他の精神力動派の理論家たちも、その理論を現実世界と比較して関連づけようとしました。しかし、理論全体の基礎に観察を置いた人は誰一人存在せず、バーンがこれを成し遂げたのです。私見では、これこそ心理療法の理論に彼がなした大きな貢献です。バーンは、その業績を通して「他の精神力動派の理論家たちは、抽象的で一般化された言葉で記述しているが、現実の世界の観察によるなら、理論をいっそう明確に記述し、確定できるだろう」ということを示しました。

　ここでは、簡単にいくつかの例を紹介しましょう。

＊

　交流分析の最も根本的な理論は、「自我状態」の概念です。これは、個人のパーソナリティの１つの状態を指す用語です。

　実は、その言葉やその概念は、バーンが独自に発明したわけではありません。彼はそれらを、自我心理学者のポール・フェダーン、エドアード・ワイスの研究から、感謝を込めて採用しています。バーンの革新は、「**自我状態の移行は、観察できる行動の変化といつも結びついている**」点を指摘したことです。

＊

　フロイトは、「転移」と「逆転移」を一般的な用語によって記述しました。バーンは、フロイトのこの考えを直接採用しましたが、それを**観察できるコミュニケーションのあるパターン、すなわち「やり取り」**へとさらに進めていきました。その分析は「**転移と逆転移の存在（あるいはそれらの不在）をきちんと明らかにするだろう**」ということをバーンは示唆しました。

＊

　フロイトのもう１つの一般的な概念に「反復強迫（繰り返さなければいけない、というこだわり）」がありますが、これはバーン理論では**「心理ゲーム」**として知られるパターン化された交流に置き換えられています。心理ゲームは、「**繰り返し行なわれる一連の出来事で、その結果が見通せる人と人との相互作用**」です。ここでも、これらの一連の出来事は**観察可能なもの**です。

＊

　アドラーの「ライフスタイル」（人生および生活の様式および信念）理論のように、バーンの**「脚本」**の理論も、それ自体は観察できない理論的構成物です。しかしバーンは、**どの瞬間であっても人が脚本を演じているかどうかを観察によって判断する方法**を、いくつか示しました。「心理ゲームを演じること」はその手がかりの１つであり、もう１つは**「脚本のサイン」**です。これは、**呼吸、姿勢、声の調子、その他の観察できるいろいろな特徴的行動**であって、人が脚本を演じるときにいつも示してい

るものです[2]。

なぜ観察可能であることが大事なのか

バーン理論ではなぜ、(内的体験だけでなく)観察可能という要素を大切にしているのでしょうか？

それは、次の3つの理由によると思います。

1. 交流分析が「個人の心理学」としてだけではなく「社交の心理学」としても有用なものである、という意味で。
2. 観察することで、比較的簡単に交流分析の実践を習うことができるし、また比較的簡単に教えることができる。
3. 観察によって、少なくとも原理的には交流分析の理論が検証可能なものとなる。

バーン自身はこれらの利点すべてに注目していましたが、関連する事項は著作のあちこちに分散していて、私がここにまとめたようには記述していませんでした。

交流分析は社交の心理学である：これまでみてきたように、バーン理論は観察できる行動に焦点を当てています。また、個人が内的に体験しているものに行動を関連づけています。

問題行動の多くは、人と人との相互作用を伴っています。交流分析では、とくにやり取りや心理ゲームの理論によって、対人関係における交流を理解し、予測することができるのです。

以上のように、バーンの精神力動的アプローチには個人心理学と社交の心理学がともに含まれています。クラークソンとギルバートが言っているように、交流分析は「内部の精神力動と対人行動とを統合している」のです[3]。

交流分析の実践は比較的簡単に再現することができる：今までにバーンほど、精神力動家でありながら、観察できる具体的行動に焦点を当てて記述した者は存在しません。

実際にはどんな心理療法でも、「治療者は、クライエントに何が起こりつつあるのかについて、いつも注意を払わなければならない」ことを強調しています。しかし交流分析以外のアプローチの大半は、「いかにその注意を払うか」について教えるにあたって「ラポールを築く」「共感を保つ」などの一般的な概念に大きく寄りかかっています

4) 5)。したがって、これらの学派の学習者は、「ラポール」や「共感」がどんなことであり、それをどのようにして実現したらいいのかというハウツーについて、自分で考えなければなりません。

　その結果、当然のことですが、ある治療者は他の人より上手にできるようになり、その差は広がっていきます。また、「ハウツー」が具体的に指導されることはほとんどないので、治療者としては優秀な人であっても、そのスキルを体系的に人に伝えるとなると、かなり難しいのです。

　ラポールと共感は、バーンの交流分析でも重要です。しかし、交流分析家の長所は、クライエントの行動をどのように具体的に観察するかという広範囲にわたるリストを持っている点です。その行動を交流分析の説明理論で理解することができるのです。また、クライエントへの対応の際に選ぶことができる、具体的行動のレパートリーを持つこともできます。たとえば次のように、です。

> 　そのときクライエントはタメ息をつき、うつむいて首をかしげた。私は、これらを脚本のサインと解釈して「彼は『子ども』の自我状態に移った」と判断する。彼は、私を心理ゲームに誘おうとしているのかもしれない。それでは、やり取りを交差することにしよう。そのために『成人』の自我状態を示す行動を取ることにしたい。

　このような流れを考えるに要する平均的な時間は、それを文章にしたものを読むよりも短いでしょう。

　初心者の治療者は、行動の理由づけを一歩ずつ行なうかもしれません。しかしふつう、経験を積んだ治療者は、意識しないでそのプロセスを終えてしまいます。もっとも、後でスーパーバイザーの指導を受けるときには、理由を説明できるのですが。

　交流分析では、行動についての「ハウツー」の教えが多いので、有能な交流分析家にとって、どのような行動が効果的かを説明することは比較的易しいものです。技術的なスキルを初心者の治療者に教えることも簡単でしょう。

交流分析の理論は検証できる：この最後の特徴は、研究者にとってとくに興味深いものです。バーン理論は科学の思想に基づいた用語を用い、実証的に検証できる記述が多いのです。

バーン理論の哲学的基礎

　バーンは、現代と古典の多くの哲学的な考えを採用しています。振り返ると、彼の考えや実践に最も影響を与えたと思われる思想は3つです。それは、経験論、現象学、実存主義です。

経験論

　これまで述べてきたように、バーンは経験論者でした。すなわち、理論を現実世界のできごとに密接に関連づけ、それをたえず観察で検証することを求めたのです。「観察すること」をバーンが強調したのは、「精神分析家の中に、理論をもてあそび過ぎる人がいる」ことに反応したのかもしれません。

　しかしバーンは、決して超経験論者ではありませんでした。この点で、彼が交流分析を作り始めた当時に流行していた**行動主義者の人たちとは異なっていました**。

　行動主義の理論家は、(内面の)抽象的な概念を完全に否定し、「観察できるものの記述だけを扱いたい」と望みました[6]。これに対してバーン理論には、**抽象的な言葉と観察できるものの記述の**いずれもが含まれており、この2つは理論の論理的な構造によって結びつけられています。

現象学

　現象学の基本的な考え方は、「世界は、**直接的な個人的体験によって一番よく理解できる**」というものです。これは伝統的な科学の「客観的な」分析とまったく正反対なものとして登場しました。現象学派の人は、「……世界と新たに出会い、『絶対的に基本となっていて、直観によってのみ得られるものは何か』を見つけだす」ことを求めます[7]。

　バーンは著作の中で、とくに現象学派の人々の名前を引用しませんでしたが、彼らのアプローチについてたびたび言及しています。事実バーンは、自分の理論は「系統的な現象学である」と述べていました。

　しかしバーンは、どのようにして経験論者であると同時に現象学派でありえたのでしょうか？　というのは、(観察を重視する)経験論者と(直接的な個人的体験を重

視する）現象学派という2つの立場は矛盾しているように思われるからです。

バーンはこの矛盾を、自分の研究の中心テーマとした方法によって解決しました。

先に述べたように、バーンが後に交流分析へと発展させた理論は、直観についての一連の論文から始まっています。論文の中心テーマの1つは、「どうしたら直観それ自体を経験によって調べることができるか」の探究でした[9]。また「どうしたら直観と客観的観察を有効に結びつけることができるか」を治療者に示すことが、彼の目的でもありました。「両者を併用することで、一方のみによるよりさらに良い結果が生みだされるだろう」とバーンは言っています。彼は次のように述べました。

> ……科学的方法が良いときもあれば、直観による方法が良いときもある。前者はさらなる確実さをもたらし、後者はさらなる可能性をもたらす。2つが一緒になることが創造的な考えを生むための唯一の基礎である[9]。

実存主義

「実存主義」という言葉は、書く人によってその意味が異なります。次に挙げるのは、熱心なポーカー・プレイヤーだったバーンの言葉です。

> ……ポーカーは、世界に遺された非常に数少ない実存的状況の1つである。ここで私が「実存的」というのは、「誰もが自分自身によって立つ存在である」という意味である。誰もあなたに同情しない。なすことすべてはあなたの責任なのだ。金を一度賭けてしまえば、それをどうすることもできない。誰も非難することはできない。その結果は自分で引き受けなければならない。言い訳は無用である[1]。

自己責任と真理の尊重は、バーンの人間観にとって根本的なものでした。彼の理論と心理療法の考え方の根底には、これがあるのです。

バーンは、実存主義の創始者の一人であるキルケゴールの著作からよく引用していました[9]。また彼は、ロロ・メイのような実存主義的心理療法の先駆者たちの著作にも詳しく、彼らのアプローチと自分のものとを好意的に比較しました[10]。

バーン理論の概観

　ここでは、後に続く説明の詳細なガイドとなるように、まずバーン理論の概要を述べます。
　その理論は、4つに大きく分けることができます。この順序は、論理的に配列されているもので、理論の各部分の考えが次に引き継がれて展開されます。その4つは以下です。

・自我状態による構造のモデル
・やり取り
・心理ゲーム
・脚本

　これが、バーン自身が選んだ順序です[2]。それぞれの用語の定義は、これから順次説明していきます。ここでは、この理論がどのように一歩ずつ築かれていったかについて概説することにしましょう。

自我状態による構造のモデル：バーンは、人のパーソナリティの構造のモデルを作ることからスタートしました。バーンの定義では、「親」「成人」「子ども」に分類される「自我状態」がモデルの構成要素です。
やり取り：バーンは次に、人と人との間のコミュニケーションのパターンを調べました。それは、「人がそれぞれ用いる自我状態」に基づいた分析です。
心理ゲーム：バーンは「心理ゲーム」の理論で、「人は、自分が痛みを感じるようなことを、どうして何回も繰り返すのか？」という、心理療法で長く問題となってきた疑問に焦点を当てました。そして、心理ゲームは「予測できる結果で終わる、決まりきった、繰り返される『やり取り』の連続」であることを明らかにしました。
脚本：心理ゲームは結局、より広い人生のパターン、すなわち「脚本」の一つの表現に過ぎないことが明らかにされました。

　これからこの4つについて、順序通り説明していきたいと思います。そして、最後に脚本について述べた後にもう一度「自我状態による構造のモデル」に戻り、その2次的な構造について概説します。これは、バーンが**『心理療法における交流分析』**[8]で用いた方法でした。

基本理論としての「自我状態による構造のモデル」

「パーソナリティの構造」という言葉は、バーンのオリジナルです[8]。このモデルを作った目的は「構造を分析すること」です。しかし、バーンが人のパーソナリティに「構造」があると考えたことは、どのような意味を持つのでしょう？

この質問にバーンが直接答えることはありませんでしたが、構造の分析について書かれた著作の中にその答えを見つけることができます。

バーンの主な目標は、**より効果的に心理療法を行なう方法**を見つけだすことでした[11]。彼は、**個人の「パーソナリティ」を構成する無数の「思考、感情、行動」を理解する方法**を発見することで、それを達成しようとしたのです。

フロイトやフェダーンと同じように、バーンはそのためにモデルを作ったのでした。このモデルによって、治療者は、**治療の各セッションで数秒ごとに得られるクライエントのデータの山**を、ある「構造」へと振り分けることができるようになりました。これが、バーンの「パーソナリティの構造の分析」の意味です。

自我状態理論へのバーンの貢献

構造のモデルの要素は「自我状態」という用語で表わされますが、この用語はバーンが新しく作ったのではありません。またバーンは、その概念を創始したわけでもありません。実は、その用語も概念も、精神分析家ポール・フェダーンの「自我心理学」を起源としたものでした[12]。

フェダーンの弟子エドアード・ワイスは、この概念をさらに展開しました。バーンは、『**心理療法における交流分析**』の冒頭でこの二人に謝辞を述べています[8]。振り返ると、フェダーン、ワイスの考えの枠組みは、バーンもですが、フロイトを含む初期の精神分析家たちの業績から、多くの影響を受けています。

しかしフロイト理論における「自我」（ego）は、まったく抽象的な言葉です。フロイトは、観察者が「自我」を見たり、聞いたり、また直接観察することができる方法を記述することはありませんでした。また、「自我」の存在や活動を示すような、観察できるできごとについても具体的には述べていません。

フェダーンの自我心理学における「自我状態」は、**ある瞬間の精神的、身体的体験の全体**を指しています。フェダーンはまた、「人はときどき、人生早期（幼児期）にさかのぼった自我状態を再体験する」と言っていますが、「現在の自我状態」（バー

ンのモデルでは「成人」）と「幼児期の自我状態」（バーンのモデルでは「子ども」）との違いは、その個人の内的な体験の中でしか明らかになりません。このようにフェダーンの「自我状態」は、フロイトの「自我」とは異なり、純粋に抽象的な用語ではなく、直接に体験するものなのです。

　しかしフェダーンは、ある「自我状態」から別の「自我状態」への移動を外部の観察者が見出す系統的な方法については、何も具体的に述べませんでした。

　バーンは、自分のモデルを作るとき、「精神上、身体上の自我が**実際に体験している現実で、これまで生きてきた期間の内容を伴ったもの**」というフェダーンの「自我状態」の考えから出発しました。彼は、「**人は『現在の自我状態』も体験することができるし、『幼児期の体験の再現としての自我状態』を体験することもできる**」というフェダーンの観察を採用しています[8]。さらにバーンは、フェダーンのモデルに主に次の2つの修正を加えました。

1. 「自我状態」のそれぞれのカテゴリーは、**内的に体験されると同時に行動にも現れる**。
2. フェダーンのモデルは2つの「自我状態」の概念から成っていたが、それと区別できる第3の自我状態の概念がある。

　この第1項に示されるように、バーンのモデルには**「観察できる」**という大きな特徴があります。フェダーンと同じに、バーンのモデルで自我状態を知る方法として「自分で体験すること」があげられています。しかしバーンの定義では、**それぞれの自我状態はいつも具体的な行動によって示される**ものです。

　もちろん行動は観察可能なものです。バーンのモデルを言い換えると、「**自我状態は、内部からも体験できるし、外部からの観察によっても見ることができる**」ということになります。

第3の自我状態の概念：バーンは、フェダーンのモデルでは十分に説明されていない体験や行動があると考え、第3の自我状態の概念を導入しました。

　フェダーンが認識した「現在の自我状態」と「幼児期の自我状態」と同じように、バーンは第3の自我状態をよく観察しましたが、その体験と行動は「誰か他の人をコピーしたもの」（「親」）であると思われました。この「誰か他の人」とは、実の両親や親のような人がほとんどでした[8]。

　繰り返しになりますが、この考えは目新しいものではありません。

　エドアード・ワイスは、すでに「もう1つの自我の心のイメージ」を表現して「精

神的な現存在」について語っていました。バーンが進めた次の一歩は、この「取り入れた」パーソナリティの要素が独自の第3の自我状態の概念を構成する、という主張でした。

　また精神分析家のフェアバーンも、3つの概念を持つ理論モデルを提案していました[13]。そのうち2つは、内的対象を追い求める「リビドー的自我」と事態を観察する「中心的自我」でしたが、フェアバーンはそれらに対象を追い求めることを妨害する「反リビドー的自我」を追加しました。

　この第3の自我の概念は批判的、ないし迫害的に働くもので、（バーンの）「コントロールする親」の活動とある程度似ています。しかし、フェアバーンの「自我の3つのカテゴリー」のモデルは、そのいずれも「観察できる行動がある」ことを示すものではありません。

　またバーンの「親」の自我状態の概念では、取り入れた行動や体験がフェアバーンの想定する「批判する働き」だけでなく、「養育し保護する働き」も反映している可能性が指摘されています[14]。

　バーンはいつも、彼のモデルを記述するに当たって日常語で表現しました。すなわち、「今、ここにおける自我状態」には「成人」という言葉を用い、「幼児期の自我状態」を「子ども」と呼び、「誰か他の人をコピーした自我状態」には「親」という言葉を当てました。英語の頭の大文字は、自我状態を指すものと実際の親、成人、子どもとを区別するために工夫されたものです。

　この構造のモデルを図で表わすときは、Parent「親」、Adult「成人」、Child「子ど

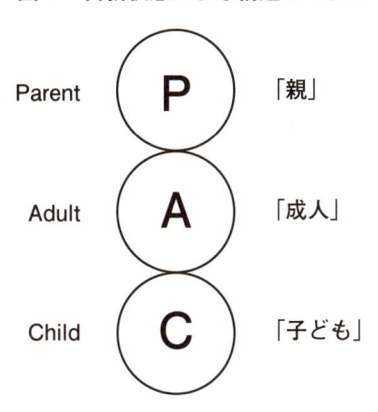

図1　自我状態による構造のモデル

Parent　Ⓟ　「親」

Adult　Ⓐ　「成人」

Child　Ⓒ　「子ども」

第二章　バーンの主な理論的貢献 | 037

も」のそれぞれの自我状態を、縦に積み重ねた３つの円で示します。（図1）

自我状態の定義は

バーンの自我状態の正式な定義は、これまでみてきた特徴を単純に合わせたものです。彼は、**自我状態**を「感情と体験のまとまったパターンで、それに直接対応する行動パターンを伴うもの」と定義しました[10]。

「親」の自我状態は、「親の役割をした人をモデルにした、まとまった感情、態度、行動のパターン」を示しているものです[8]。バーンはこれを、「借り入れた」自我状態とも言っています。
「成人」の自我状態は、「現実に対応した感情、態度、行動の、まとまった自律的なパターン」を示しているものと定義されます[8]。
「子ども」の自我状態は、「その個人の幼児期の遺物である、まとまった感情、態度、行動のパターン」を示しているものと定義されます[8]。

バーンは、生涯を通じて「自我状態」をいろいろな仕方で定義しました。そのうちのいくつかは、私が今あげたような完全なものではありませんでした。必ずしも先の定義と一致するように記述せず、また一貫してもいませんでした。バーンは、自分が行なった定義を統一しようとしなかったのです。別に驚くことでもないのでしょうが、これがときどき交流分析の実務家や他学派の批評家の混乱の種になりました。

自我状態の「カテゴリー」

バーンの完全な定義では、「（心の中に）３つの自我状態がある」のではなく、その代り「**３種類の自我状態のカテゴリーがある**」とされています。たとえば、バーンの完全な定義における「子ども」は、「ある１つの自我状態」ではなく、自我状態の１つの全体的なカテゴリーです。そのカテゴリーに当てはまる自我状態は、すべて「その人の子ども時代の古い遺物」という特徴を持っています。
バーンの初期の著作において、多くのケースの構造の分析でこの概念が用いられました。そのときバーンは、「その『子ども』」「その『親』」というように、いつも決まって自我状態に英語の定冠詞（「その」）を付けました。バーンの完全な定義を知らな

い読者には、この定冠詞を使用した呼称における記述が、(定冠詞をつけない) 自我状態一般の特徴を示しているように思えたのでしょう。

バーンを踏襲した交流分析家の多くは、(ケースに) 限定されたその場の記述をそのままコピーし、その表現通りに解釈しました。すなわち、構造のモデルは「親」「成人」「子ども」という「3つの自我状態」から構成される、というような言い方が一般的なものになっています。

このモデルの入門用に、このような方便が使えるかもしれません。しかしバーンの理論を深く理解するためには、完全な定義を知っておかなければならないと思います。

それはどうしてでしょうか。「子ども時代の自我状態」のカテゴリーを例にして、その理由を考えてみましょう。

このカテゴリーは、(ケースの) その場の記述として「その子ども」と書くことができます。しかし各個人は、実際にはいろいろな時期の幼児期の再体験としての多くの異なった自我状態を再現しています。

ある場合には、6歳のときに初めて体験した自我状態を再体験するかもしれません。他の場合には、15ヵ月、3歳のときの体験、あるいは幼児期の他の「心理的に重大なできごと」があった状態を再体験するかもしれないのです。これらの異なった「子ども」の自我状態のいずれもが独特な感情や体験のセットであり、独特な行動のセットで表現されるものです。

カウンセラーや治療者にとって、これらの異なった「子ども」の自我状態の移り変わりに常に注意を払うことが中心的な関心事です。それぞれの自我状態は、異なった発達段階の体験と行動を再現したものです。これが、「カテゴリーとしての自我状態」を強調することが単に言葉だけの問題ではない、という実践的な理由の1つです。

同じことは、「借り入れた自我状態」にも当てはまります。

これについて、(ケースの) その場の記述として「その親」と書くことを選ぶこともできるでしょう。しかし人は、実際には多くの異なった「親の自我状態」を手に入れています。その理由の1つに、多くの人は一人以上の「親のような人物」を持っていることがあげられます。たとえば、私自身の「親」の自我状態には、実の母、実の父、叔父、叔母、および教師の何人かから「借り入れたもの」が含まれます。

さらに、それぞれの「親のような人物」には、**それぞれ**「親」「成人」「子ども」の自我状態が存在します。私が「**(実の) 父**から借り入れた自我状態」のときは、そうですね、**(実の) 父**の「子ども」の自我状態の1つの感情、体験、行動を再演しているかもしれません (このことは後に、「構造の分析」の発展形である「2次構造の分析」として取り上げます)。「子ども」の自我状態の場合と同じように、「クライエントがこれらいろいろな『親の自我状態』のどれを体験しているのかを見分けること」

第二章　バーンの主な理論的貢献 | 039

が治療者の明らかな関心事でしょう。

さて、同じことを「成人の自我状態」にも当てはめることができるでしょうか。「成人の自我状態」は、その人の「今、ここでの感情と体験で、それに関連した行動を伴ったもの」と定義されることを思い出してください。各個人がいろいろ異なった「親の自我状態」を体験することは明らかですが、それは「子ども」や「成人」と同じ意味と考えることはできません。そこには、現在と過去という「時の次元」の違いがあるからです。

「子ども」と「親」はいずれも、その人自身の過去に「蓄えられた」ものです。対照的に「成人」は、たえず流動している現在の体験です。一瞬一瞬時が動くにつれ、人の「成人」の感情、体験、行動もまたたえず変化しています。「原理的には、人は人生で無数の『成人』を体験することができる」と言うことができるでしょう。

自我状態の判断

どの理論でも、それが経験的な証拠によって検証できるというのなら、「どのようにして必要な観察をするのか」という一連の方針を持っていなければなりません。バーンの自我状態の理論は、それを備えています。

彼はそのときどきの自我状態を判断する4つの方法を決めていましたが、それは次の通りです。

- 行動による判断
- 社交による判断
- 生育史による判断
- 直接的な体験による判断（現象学的判断）

これらの用語を説明するために、少し長くなりますが、バーンの著作から「親」の自我状態に4つの判断方法を適用した例を引用します（強調は原文通り）[8]

> とりあえずの判断はふつう、態度、ジェスチャー、発声、言葉使い、その他の特徴についての臨床的な体験を基にして行なわれる。これが**行動による判断**である。
>
> 独特の一連の行動パターンが、その場にいる他の人にとくに子どものような行動という反応を引き出しやすいなら、診断は傍証を得たことになる。これが**社交による……判断**である。

本人のどの「親のような人物」がその行動の原型であったかを正確に述べることができたなら、判断はさらに**確証**となる。これが**生育史による判断**である。
　最後に、本人が「親」の自我状態を吸収した瞬間や画期的なできごとをほとんど風化させずにいて、それを強烈に再体験するなら、判断は実証されたことになる。これが**直接的な体験による判断（現象学的判断）**である。

「親」の自我状態を行動によって判断したとき、そのときの行動は「特定の親のような人物」をコピーしたものでしょう。
　同じように、先の4つを「子ども」の判断に当てはめて考えることも可能であることは明らかです。
　そのとき観察された行動は、当人が幼年期に「心理的に重大なできごと」に際して取った行動を再現しているかもしれません（行動による判断）。「子ども」の社交による判断では、その行動は他の人の「親」からの行動への反応としてもっとも頻繁に見られることでしょう。生育史による判断では、当人は自分の人生の特定の時期の状況を呼び出しているのかもしれません。そして、「子ども」の直接的な体験による判断では、その人はその当時体験したままの自我状態を「ほとんど風化させずに強烈に」再体験していることでしょう[8]。
「成人」の自我状態は、定義上「今、ここ」に属するので、生育史による判断が使えないことは明らかです。「成人」の行動は、当人のその時の年齢にふさわしいものでしょう（行動による判断）。「成人」の社交的な判断は、多くの場合その行動が他の人の「成人」の行動への反応と見なされることで行なわれます。

注意すべきポイント：先のバーンの引用文の中で、いくつか強調しておきたい点があります。

1. 最初の判断を印象づけるのは、行動による判断でしょう。しかし信頼性を高めるために、観察者は他の方法による傍証を必要とします。バーンは、治療者が「行動の標準的な手がかり表」を使って「親」「成人」「子ども」を単純に「読み取る」ことができることを**示していません**。
2. 4つの方法は、通常ここに示されている順序で使われるでしょう。
3. 最初の行動による自我状態の判断を最終的に「実証」するものは、**直接的な体験による判断（現象学的判断）**です。前に説明したように、バーンのモデルは、フェダーンの「直接的に体験する自我状態」をルーツとしています。これはまた、バーンが経験論と現象学の2つの考えをどのように結合させたかを示

第二章　バーンの主な理論的貢献

しています。

構造のモデルを支持する根拠

バーンは、主に自分自身の治療上の経験から、自分のモデルを構成しました。彼は、フェダーンとワイスの研究結果からも示唆を得ましたが、また自らの治療を基礎にしていたのです。

異なった分野からの証拠として、バーンは脳神経外科医のペンフィールドとその同僚の研究を引用しました[8)][15)]。

これらの研究者たちは、脳の手術中に患者の大脳皮質を弱い電流で刺激しました。これに反応し、患者は自分の幼児期の情景を生き生きと再体験しました。ペンフィールドは、脳がテープレコーダーのように機能し、個人のすべての体験——それは時系列で整理された特定の情景ですが——を保存しているのかもしれない、と推測しました。もしこの推測が成り立つなら、「自我状態には神経学的な基礎があることになるだろう」とバーンは言っています。この可能性についてバーンは著作のいたるところで述べていますが[16)]、ただ検証されていない仮説として発表し、「自我状態の神経生理学上の基礎」を強く主張することはありませんでした。

バーンは、自分の治療的な考察を、より「客観的」な研究方法、すなわち標準化された観察と統計分析を用いた研究としては進めませんでした。

しかしこの隙間は、バーン以降の多くの研究者によって埋められていきました[16-19)]。これらの研究は明らかに、すべて一致して、自我状態の移行が「真実である」という結論を支持しています。言い換えるなら、バーン理論が説くように「**人は、内面の体験と一致する、まとまった一連の行動を示す**」のです。

これらの実験的な研究は、バーンが強調したもう1つのこと、すなわち、「**ある自我状態の細かい行動のサインは、各人独自なもの**」という点も支持するものです。したがって、「標準的手がかり」の表によって簡単に読みとることはできないのです。

自我状態の描写的側面

「**……ある『親』の自我状態は、行動するものとしても、影響を与えるものとしても働くことができる**」とバーンは言っています[8)]。人がある「親のような人物」のように行動するときは、これは「親」の自我状態の行動的な働きを示します。もし人が**ある「親のような人物」が好むように行動すれば**、「親」の自我状態は「子ども」に影

響を与えるものとして働いている、と言えるでしょう。

後者の場合には、私たちが目にする行動は**ある「子ども」**の自我状態によるものです。それは、あたかも自我状態の間で内部対話が行なわれているかのようです。影響を与えるその「親」は、内部ではある「子ども」に「話している」のです。「子ども」はそれに応えますが、私たちが目にするのは、その人の行動に反映された反応なのです。

バーンは、ある「子ども」が取りうる反応を、次の２つの異なった様式に分けました。

　　　この**「順応した子ども」**はある「親」の影響を受けた幼児期の自我状態であり、一方この**「自然な子ども」**はその影響から自由な、あるいは自由であろうと努めている幼児期の自我状態である[8]。

ある「親」には、影響を与える働きか行動する働きにかかわらず、２つの異なった様式がある、とバーンは言っています。その一つは**「養育する親」**であり、他の一つは**「コントロールする親」**（バーンは、初期の著作では**「信念を持った親」**と呼んでいます）です。描写的な名称の意味は、「養育する」「コントロールする」という「読んで字の如し」です。

最後の著書**『こんにちはの後に、あなたは何と言いますか』**を書くころには、バーンは「パーソナリティの描写的側面」で用いた自我状態の名称の頭文字を大文字にしました（「順応した子ども」Adapted Child、「養育する親」Nurturing Parent など）。また、ある「子ども」の「第３の描写的側面」に「抵抗する子ども」を加えました。彼は、これらのすべてを自我状態の図の詳細版として示しました。図２は、それを示したものです。

バーンがこの「描写的側面」について書いていることでは、次の点は大いに強調する価値があると思います。それは、この最終版のモデルでもバーンは、「子ども」と「親」の自我状態を本来の定義に従わせるつもりだった、ということです。その定義は、「子ども」の自我状態は幼児期のものであり、「親」の自我状態は借り入れたもの、というものです。

こう強調するのは、この定義は２つともバーン以後の交流分析の理論家たちによって忘れられることが多かったからです。バーン自身でさえ見落としているかのように書いた時期があったことも事実ですが。

ここで「描写的側面」という呼称は、交流分析理論の中でも、もっとも直観に訴えるものです。ある人が「『自然な子ども』である」とか「『コントロールする親』である」と言えば、我々は話題にしている行動を簡単に、絵のように心に描くことができるのです。

第二章　バーンの主な理論的貢献　│　043

図2　パーソナリティの描写的側面

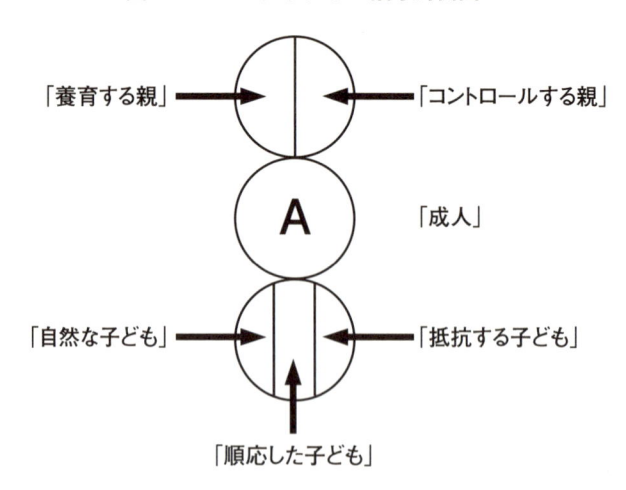

「養育する親」→　←「コントロールする親」

Ⓐ　「成人」

「自然な子ども」→　←「抵抗する子ども」

↑
「順応した子ども」

　しかしバーンが最初に考えたように、これらの描写上の名称は行動のパターンだけを指しているのではありません。
　もし私が「自然な子ども」であるというのは、子どもが親のコントロールから自由になったように行動している、というのではなく、私自身の幼児期の、検閲を受けていない行動を再現しています。そして、そのような行動とともに、私は自分の人生のできごとに対する感情と思考も再現しているのです。
　同じように、もし私が「コントロールする親」である場合には、私はただ子どもをコントロールする親のように行動しているのではなく、私自身の「親のような人」の中の一人の行動、思考、感情を再生しています。
　言い換えるなら、自我状態を定義するにあたっては「時の次元」を考えることがとても重要です。「子ども」と「親」は過去の再生であり、「成人」のみが現在への直接の反応です。しかし、バーン以後の著者たちが描く「描写的側面」では、この重要な特徴がよく見落とされたのでした。
　その結果、どうなったでしょうか？
「描写的」な名称で示される行動の直観的な画像だけで作られるモデルが利用されるようになってしまいました。これが「過度に単純化されたモデル」ですが、償いきれないほどのダメージを交流分析に与えていると思います。

「やり取り」とは

　バーンが宣言した目標の1つは、「社交における行動の理論」を開発することでした[2]。彼は、人々が相互に交わすコミュニケーションをその人が用いている自我状態によって分析することで、それを成し遂げました。これが**やり取りの分析**です。

　ここでも、観察できることが中心になっています。自我状態の「行動についての手がかり」が観察可能であることは、見てきた通りです。それは、以下のことによってもわかります。すなわち、人がお互いコミュニケーションを交わしているときに表す自我状態の移行は、系統的に観察することができるのです。

　やり取りの理論においてバーンは、典型として観察されたいろいろなパターンの相互交流をあげ、コミュニケーションに与える影響を推論しています。

　このやり取りの理論は、自我状態の理論の延長線上にあるものです。いったん自我状態の性質が十分に理解されると、次のステップとして、やり取りを理解することも容易になります。

　しかし、その理解のレベルが問題です。もしバーンの自我状態の理論が十分に理解されていない場合には、やり取りの大切な側面が見逃されがちになります。

　とくに、一般に広まった「交流分析理論」は、バーンの自我状態の中心的な概念である「**時の次元**」を無視したり軽視したりしています。その結果、やり取りの理論の中心的特徴が不確かになってしまっています。というのは、それらはやり取り理論に含まれている転移と逆転移の理論を欠いているからです。

やり取りの性質

　　言葉によるにしてもよらないにしても、「1つの刺激と1つの反応からなるやり取り」
　　が社交における行動の単位である[2]。

　エリック・バーンは上のように言っています。

　この「刺激－反応」の交換の例は、以下の図3～図5に示されています。矢印は、刺激（S）と反応（R）を示します。それぞれの矢印は、コミュニケーションを始める最初の人の自我状態から、それを受けてくれると思う相手の自我状態へと進みます。しばしば1つのやり取りにおける「反応」が次のやり取りの「刺激」となり、やり取りの連鎖ができていきます。

バーンは、やり取りを3つのタイプに分けました。すなわち、**「相補的なもの」「交差するもの」「裏があるもの」**です。彼は、各タイプをそれぞれの「コミュニケーションの原則」と関連づけています[10]。

図3　「相補的なやり取り」の例：A→A、A→A

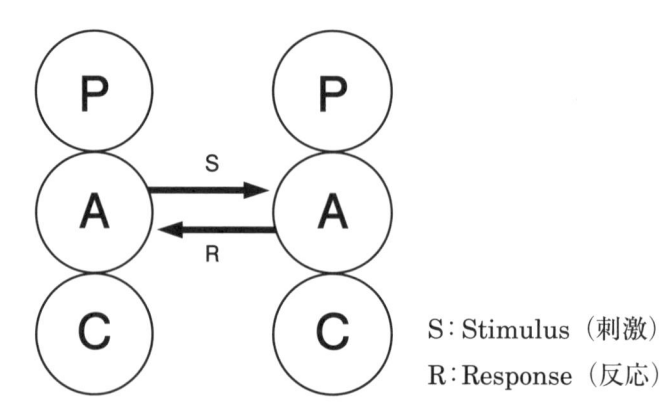

S：Stimulus（刺激）
R：Response（反応）

図4　「相補的なやり取り」の例：C→P、P→C

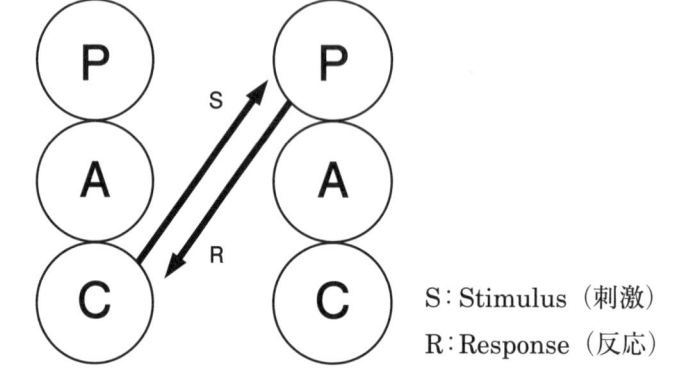

S：Stimulus（刺激）
R：Response（反応）

図3、図4は「**相補的なやり取り**」の例を示しますが、ここでは矢印は平行していて、目指された自我状態がそのまま反応する自我状態になっています。この場合は、バーンの「**コミュニケーションの第一原則**」がよく当てはまります。その原則は「やり取りが相補的なものである限り……コミュニケーションは延々と続くだろう」というものです。

　このようなやり取りとは対照的に、図5～図7のやり取りは**交差しています**。この場合は、図の矢印が平行ではないか、反応する自我状態が刺激を向けられた自我状態ではないかのいずれかです。バーンの「**コミュニケーションの第二原則**」は、「やり取りが交差するとコミュニケーションは中断される」というものです。ここでバーンは、「コミュニケーションは永久に中断される」とは必ずしも言っていないことは明らかです。「中断」は、単に何か予期しないことが起こった瞬間の感覚として体験されるのでしょう。

　「**裏があるやり取り**」では、2つのメッセージが同時に伝えられます。**社交レベル**のやり取り（Ss、Rs）はふつう言葉で伝えられますが、**心理レベル**のメッセージ（Sp、Rp）はしばしば言葉によらずに伝えられます。

　ここでは「**コミュニケーションの第三原則**」が適用されます。それは「……『裏があるやり取り』の行動の結果は、社交レベルではなく心理レベルで決定される」というものです。

図5　「交差するやり取り」の例：A→A、C→P

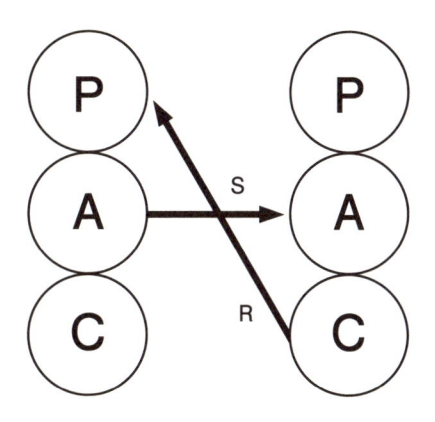

第二章　バーンの主な理論的貢献

やり取りと転移

　心理療法に関する文献で「転移」と「逆転移」という用語は、いろいろ異なった意味で使われてきました。そこで、これらの概念がバーン理論とどう関連しているかを論ずる前に、この用語を定義することから始めたいと思います。
　古典的な精神分析の用語では、転移と逆転移は治療上の関係の中でのみ起こる現象と考えられています。ライクロフトの『精神分析学事典』では、転移を「患者が、自分の人生の中でこれまで出会った人々に由来する感情や考えなどを精神分析家に移しかえるプロセス」と定義されています。また、逆転移は「患者に対する精神分析家の転移」と定義されています[20]。
　より広範な心理療法の文献では、この2つの言葉はより広い意味に使われるようになりました。クラークソンは、「転移」の最も一般的な解釈は次の通りである、と言っています[21]。

> 「転移」とは、（過去の経験に基づいた）既知のものから現在の類似のものに特質を移す現象を言う。……感情、知覚や反応が、新しく、今ここで作られるよりも、過去の経験に基づいているときには、いつでもこの現象が起こる。

　エリック・バーンは、精神分析のトレーニングを受けていたので、転移と逆転移の厳密な古典的定義を明らかに知っていたはずです。しかしクラークソンが示唆したように、バーンがこれらの現象をもっと広い意味で考えていたことは、彼の著作からも明らかです。たとえば、彼が**脚本**と呼んだ「前意識の人生計画」についての著作で、バーンはこの人生計画を「**転移ドラマ**」と呼びました。このドラマは、治療室の中だけで起こるとは限りません。それと反対に、「**心理療法を受けているかどうかにかかわらず、人の一生を通じてそのドラマは演じられる**」と言っています[8]。
　バーンは、彼のやり取りの理論を「転移と逆転移を分析するのにどのように使うことができるか」について詳しく説明しました。彼の説明は、これらの用語を厳密な古典的定義とより広い解釈との双方とに関連づけるものです。
　たとえば、図5（「A→A」が「C→P」で交差されている）のようなやり取りを考えてみましょう。
　ここで反応（R）を返す人は、「子ども」の自我状態からやり取りをしています。すなわち彼は、**まるで自分がまだ子ども時代にいるかのように相手に対応している**のです。相手を、自分の「親のような人」の一人か、過去に関係のあった誰かであるかのようにみているのでしょう。

バーンは、これを「交差するやり取り・タイプⅠ」と名づけ、「心理療法における典型的な転移反応である」と指摘しました[10]。さらにこのタイプのやり取りは、「社交上、職業上、家庭上の生活における困難のもっとも一般的な供給源である」と言いました。
　図6は、「交差するやり取り・タイプⅡ」とバーンが呼んだ例です。
　ここでは、「A→A」の刺激が「P→C」の反応によって交差されています。反応する人は「親」の自我状態からやり取りしていますが、そのとき、相手をあたかも「子どもである」とみなし、自分は「親のような人」の一人のように相手に対しているのです。バーンは、これは「心理療法における逆転移反応の最も一般的な形を表している」と言いました。
　ここから、バーンのコミュニケーションの第二原則が単に「コミュニケーションが心地よいものであるかどうか」などの小さな問題を取り扱っているのではない、ということがわかります。それ以上に重要なのは、「コミュニケーションの中断は常に転移や逆転移に関係している」ことの指摘です。図5や図6のやり取りでは、最初の人のコミュニケーションには転移の要素はありません。しかし、これに応える相手の反応は、相手を過去の人に見立てることによってコミュニケーションの流れを切断しています。
　図7のような「交差するやり取り」では、プロセスがその反対になっています。ここでは、「C→P」の刺激が「A→A」の反応で交差されています。バーンはこれを「交差するやり取り・タイプⅢ」と名づけました。その典型は、同情を得たい人が、それが得られずに現実を突きつけられた場合の「腹を立てる反応」です[2]。
　このパターンは、心理療法でよく起こるものです。クライエントからの転移による刺激に対し、治療者が逆転移でない反応で直面化するときに、このパターンが生じます。ここで再び強調したいことは、その結果は「最初の人が期待していたコミュニケーションの流れの切断」です。
「相補的なやり取り」では、転移はどうなるでしょうか？
　バーンは、この分析を進めませんでした。しかし、たとえば彼の推論を図4に適用してみると、「『相補的なやり取り』にも転移と逆転移が含まれるかもしれない」ということがわかります。
　コミュニケーションで「A対A」以外の自我状態が用いられるときは、いつでもこのようになるでしょう。この場合、両者共に「転移としての交流」に足を踏み入れています。すなわち、図4は「クライエントの治療者への転移が治療者のクライエントへの逆転移によって釣り合っている状況を描いた」のかもしれません。バーンの第一原則が明らかにしたように、この種のやり取りが心地よく際限なく続くだろうこと

図6　「交差するやり取り」の例：A → A、P → C

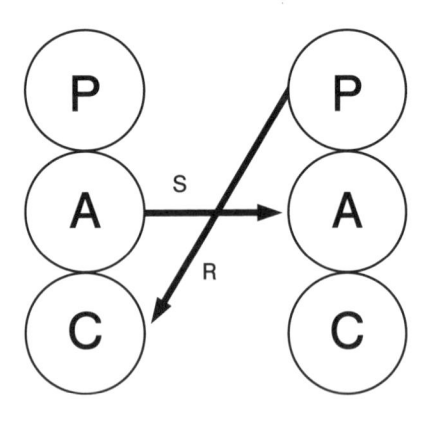

図7　「交差するやり取り」の例：C → P、A → A

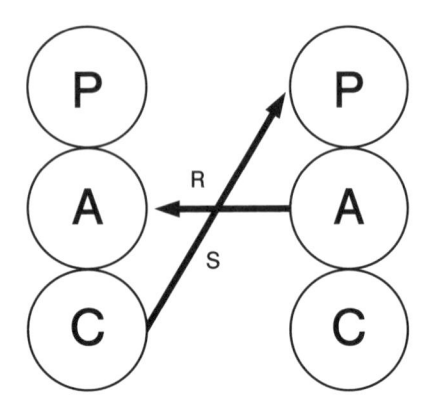

図8　「裏があるやり取り」の例：社交レベルではA→A、A→Aの「相補的なやり取り」、心理レベルではC→P、P→Cの「相補的なやり取り」

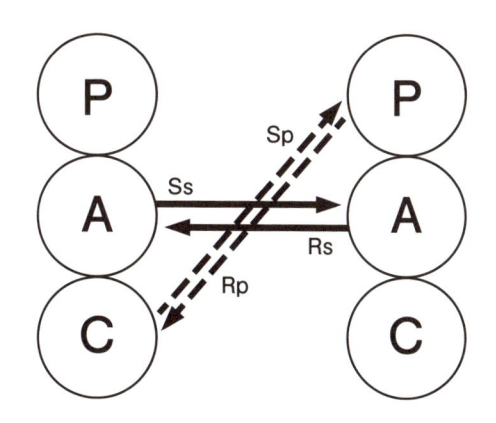

は、治療者なら誰でも知っていることでしょう。

　バーンのコミュニケーションの第三原則を転移の面から考えると、いくつか興味深い意義があることがわかります。図8の例を考えてみましょう。

　ここでは、社交レベルでのやり取りは「A対A」のようにみえます。しかし心理レベルでのやり取りは転移によるものであり、「C→P」が「P→C」で平行しています。もしバーンの第三原則が正しければ、二人の関係の中で次に起こることは、どれも転移によって決まり、表にみえているコミュニケーションの内容で決まるのではありません。バーンの言葉によれば、次のようです。

> 社交レベルのプロセスをどんなに分析しても、「裏があるやり取り」の行動の結末を予測することはできない。一般に、心理レベルを認識することで初めて予測が可能になる[10]。

　心理療法の場面でのこの種のやり取りは、典型的な指導（スーパービジョン）での関心事です。治療がうまくいかなかったり行き詰まったりしたときには、治療者自身、それと気づかずに逆転移状態に陥っていることが多いのです。すなわち、治療者とクライアントが行なう社交レベルのコミュニケーションは、心理レベルのそれと一

致していません。このとき、スーパービジョンの課題は、治療者とクライエントが交換している裏のメッセージを明らかにすることです。

　もちろん「裏があるやり取り」は、治療室だけで起こるとは限りません。実際、**バーンが心理ゲームと呼んだ**「繰り返す関係のパターン」の基礎には「裏があるやり取り」の連続があるのです。

心理ゲームとは

　バーン以前では、フロイトが「反復する強迫」に注意するよう促していました。フロイトは、もしそれが苦痛を伴うものであっても、人びとがしばしば行動や感情のパターンを繰り返すことに注目していたのです。

　バーンは、このようなフロイトの洞察に基づき、二つのやり方で自分の理論を表現しました。

　バーンはまず、繰り返される苦痛なパターンの中には標準的な順番通りに演じられるものがあることを明確に認識しました。人々は、まるで普通のゲームのルールの形式に従っているかのように行動し、しかもそのことには気づいていないのです。

　そしてバーンは、これらの標準的な動きを行動の用語で表わしました。ここでも、彼の理論は観察できる予測を生み出しているということがわかります。

　この「標準的な順番通りに繰り返し演じられる苦痛なパターンを行動の用語で表わしたもの」が**心理ゲーム**の理論です。今でもバーンと交流分析がよく知られているのは、おそらくバーンの著書『**あなたが演じる心理ゲーム**』[22] が世界的に有名になったからでしょう。実際には、バーンはこのベストセラーの出版に先立つ数年前、心理ゲームの概念を発表していました。最初にこの言葉が使われたのは、1950年台後半に出された専門誌の論文の中でした[23]。

　心理ゲームについてのバーンの考えは、一生の間にいくつか重要な修正が施されています。とくに最後の2冊、『**性と愛の交流分析**』[24] と『**こんにちはの後で、あなたは何と言いますか？**』[16] で描いた典型的な心理ゲームのプロセスは、『**あなたが演じる心理ゲーム**』で述べたものとはかなり異なっています。私たちは、このような「バーンの心理ゲーム理論の最も有名な記述においては、その理論の発展が完全な状態では示されていなかった」という奇妙な事態に当惑してしまいます。

ここではまず、バーンが最後の著書で示した形で心理ゲームの概念を説明しましょう。

今日の交流分析の理論家のほとんどは、この後のバージョンがバーンの心理ゲームに関する考えを最も完全かつ明瞭に表わしたものである、という見解で一致しています。しかし、『あなたが演じる心理ゲーム』における初期の説明があまりによく知られているので、それが後の心理ゲームのプロセスの説明とどのように異なっているかも、簡単にみてみることにしましょう。

心理ゲームの性質：Gの方程式

バーン理論の最終バージョンでは、心理ゲームは「6つの明確に定義された段階に従って進行する一連のやり取り」です。バーンは、これらの段階を「Gの方程式」と呼んでいます。

彼は、6つの段階の名称を表わすために日常語の表現を好んで用いました。それは「冷笑的な」表現ですが、プレイヤーがそうとは意識していなくても、心理ゲームが人を操作するものであることを際立たせています。

「Gの方程式」は次の通りです。

$$C + G = R \rightarrow S \rightarrow X \rightarrow P$$

方程式の大文字は、心理ゲームを規定する6段階を意味しています。それらの大文字は、次のように読むことができます。すなわち、「**Con**（ワナ）プラス **Gimmick**（弱み）イコール **Response**（反応）、そして **Switch**（切り換え）、続いて **Cross-up**（X：混乱）、最後に **Payoff**（報酬）」です。

心理ゲームを始める人は「ワナ」の仕掛けからスタートします。これは「心理ゲームに他人を参加させようとする、隠された誘い」です。このとき反応する相手は、「『ワナ』に反応するような弱さや自分のニーズ」[2] という「弱み」を持っていることが明らかになります。この「反応」に続き、最初のプレイヤーは突然自分の「役」の「切り換え」を行ない、二人のプレイヤーは一瞬「混乱」に陥ります。その直後に、両者ともイヤな感情の「報酬」を手に入れるのです。

バーンは、簡単な心理ゲームを例に出してこのプロセスを説明しました。

　　……患者が「先生、私はよくなるでしょうか？」と尋ねると、感傷的になった治療者は

「もちろん、よくなりますよ」と応えた。

この時点で、患者は質問することで裏の動機を明らかにする。すなわち、「ありがとうございます」と率直にやり取りする代わりに、患者は「どうしてそんなことまでわかるんですか？」と「役」を「切り換えた」のであった。治療者は「混乱」し、一瞬落ちつきがなくなったが、これこそ患者が望んでいたことである。

そして心理ゲームは終わり、患者は「治療者をワナにかけた」ことで得意になり、治療者は不快感を持ったが、これらの感情が心理ゲームの「報酬」だった。

この心理ゲームは、正確に「Gの方程式」に従っている。「ワナ」は最初の質問であり、「弱み」は治療者の感傷であった。「弱み」を持った者が「ワナ」にかかったとき、その者は、心理ゲームを始めた人が期待したように「反応」した。それから、「切り換え」が起こり、「混乱」が生じ、最後はそれぞれが「報酬」を手に入れた[2]。

バーンの上の例のように、心理ゲームはときどき短時間で演じられるでしょう。また極端な例では、数カ月、数年と長く続くことがあるかもしれません。後者の場合、両方のプレイヤーは、最初の「ワナ」と「弱み」という裏のメッセージを繰り返していて、「反応」の段階を引き延ばします。

心理ゲームとやり取り

どんな心理ゲームも、<u>一連の「裏があるやり取り」</u>からなっています[8]。これらのやり取りは、社交レベルでも、心理レベルでも、やり取りが平行しています（図8を参照のこと）。

通常は、**社交レベル**がコミュニケーションの表の内容を示します。上記のバーンの例では、社交レベルは単なる情報交換です。すなわち、「質問、返答、そして第2の質問」です。

心理レベルでは、プレイヤーは<u>「ワナ」「反応」「切り換え」からなる隠されたメッセージを交換</u>しています。

もし非言語的なコミュニケーションを言葉に翻訳したとすれば、患者の初めの質問は次のことを伝えているものかもしれません。それは「何でも知っている保護者さん、私に必要な保証を与えてくれませんか？」です。

治療者の感傷的な「反応」は、次のことを伝えているかもしれません。すなわち、「いいですよ、私無しであなたがやっていけないことはよくわかっているからね」。

そして、患者が「切り換え」をした後のメッセージは、「だまされたね、はっ、は

っ、はっ。さあ捕まえたぞ！」です。

　これらの心理レベルのメッセージは、二人のプレイヤーの隠されたテーマを明らかにしています。しかし、少なくとも「切り換え」が起こるまでは、二人ともこの裏の動機には気づきません。そのときでさえ、それぞれのプレイヤーは「予期しない何かが起こった」と漠然と感じているに過ぎないのです（これが「混乱」の瞬間です）。プレイヤーたちが「混乱」と「報酬」に到るやり取りの具体的な順序に気づかない、というのが心理ゲームの典型的特徴です。

　それで、心理ゲームを数多く演じてきても、プレイヤーたちはその心理ゲームを再び演じてしまうのでしょう。「切り換え」と「混乱」の段階になると、各人はそれまでと同じように驚いてしまうのです。

　プレイヤーは、それぞれ「報酬」を手に入れるときに、自分自身にこうつぶやきます。

「いつもこうなってしまうけど、一体どうしてそうなっちゃうんだろう？」

　バーンが後の著述で明らかにしたように、この矛盾する特質が心理ゲームの中心的な性質です。

　ところで、心理ゲームにおける「おなじみの驚き」の要素はすべて「切り換え」の存在にかかっています。「切り換え」が起こるまでプレイヤーたちは、心理ゲームの順序をいつもの動きとして経験していて、「驚き」はありません。

　したがって「切り換え」は、心理ゲームと呼ばれるやり取りの順序の中で最も大切な要素です。これが、バーンが最後の２冊の本を書くときまでに得ていた彼自身の見解であることは確かです。

　バーンは、『こんにちはの後で、あなたは何と言いますか』の中で心理ゲームについて記述し、「Gの方程式」の説明で次のように強調しています。

　　「この方程式に合っているものはすべて心理ゲームであり、合っていないものはすべて心理ゲームではない」[2]

『あなたが演じる心理ゲーム』と心理ゲームの性質

　しかし初期の著作では、バーンはそれほど具体的でない心理ゲームの定義を使っていました。

　『グループ療法の原則』[10]の中では、心理ゲームを「ワナを伴った一連の裏のあるやり取りで、明確な結末に到るもの」と定義しています。『あなたが演じる心理ゲーム』

における定義も、似たようなものでした[20]。

バーンは「ワナ」を「誘惑」や「隠された動機」として説明していますが、この定義では「切り換え」について何も触れていないことがわかるでしょう。事実「切り換え」という言葉は、**性と愛の交流分析**[24]が出版されるまで、バーンの著作には現れません。この本では「Gの方程式」に似たような「ゲームの方程式」の説明がありますが、その中に「混乱」は含まれていませんでした。

『あなたが演じる心理ゲーム』では、バーンがそのとき「ゲーム」と呼んだ、異なった順序の詳しい動きが30以上描かれました。検討してみると、この多くには「切り換え」が含まれていないことがわかります。したがって、**『あなたが演じる心理ゲーム』**で示された多くの「ゲーム」は、バーン自身の最終の定義によれば「まったく心理ゲームでない」ことになります。

「切り換え」のないこれらの順序は、典型的に繰り返されよく起こるものですが、そこには「驚き」はありません。バーン自身、この種の交換を「暇つぶし」の時間と呼んでいます[22]。**『あなたが演じる心理ゲーム』**でバーンは（「引きこもり」「儀式」「活動」「親交」および心理ゲームと並んで）「暇つぶし」について説明していますが、これと心理ゲームをはっきり区別していませんでした。

現代の多くの交流分析の著者たちは、イングリッシュにならって、「ラケット感情」を味わうやり取りであっても、「切り換え」がなく、はっきりとした見通しもなく進行するプロセスを**「ラケットを行なう」**という言葉で表現しています。

この章では、「心理ゲーム」という言葉を、バーンが最後に定義したように使いたいと思います。すなわち「Gの方程式」に従ったやり取りの順序によるものに限定します。

フロイトと同様にバーンも、「人はなぜ、このような苦痛なパターンを繰り返すのか」という不可解な疑問に答えなければなりませんでした。フロイトは、「反復する強迫」はタナトス、すなわち死の欲動の表現であると言いました。

バーンは、違った見方でこの疑問に答えました。「心理ゲームを演ずることで人は何を得るのか」と自問したのです。この問いに対し、バーンは2つの答えを用意しました。

その第1は、「人は、**脚本**と呼ばれる、より広い人生パターンを押し進めるために心理ゲームを演じる」というものです。

第2は、「心理ゲームには、プレイヤーにとって『共通のメリット』がある」というものです。

心理ゲーム、ラケット、スタンプ集め、脚本

　バーンは、晩年になるまで脚本理論を十分に展開しませんでした。しかし交流分析に関する初期の論文でも、バーンは「心理ゲームは、**脚本**と呼ばれる、**より広範な、より複雑な一連のやり取りの一部**と思われる」と指摘しています[8]。

　簡単に言えば、脚本は「前意識の人生計画」です[2]。この脚本の中で心理ゲームがプレイヤーに役立つ働きの１つは、ただ「……最終の到達点に至るまでの時間を埋めると同時に、その行動を進めていく」ということです[22]。

　『**グループ療法の原則**』の中で、バーンは「人は脚本を進めるために、どのように心理ゲームを用いるか」についてより詳しい解説を行なっています[10]。バーンはその説明の中で、日常語で「ラケット」と「スタンプ集め」と呼ぶ２つの概念を導入しています。

　ラケットという言葉は、「自分が生まれた家族の中で教えられ、勧められたもので、成人になっても人を操作するために使われる感情」を表現するために用いられました。ふつう本人は、この操作的な要素に気づいていません。人が心理ゲームの報酬として経験するのはこの感情（ラケット感情）です。

　各心理ゲームの結末でプレイヤーは、ラケット感情という収穫物を情緒的な記憶として留め、貯めていきます。バーンはこれを、「スタンプ集め」という言葉を使って表現しました。これは1960年代に人気のあった販売戦略から引用した言葉で、それぞれの店がいろいろな色のスタンプを出し、客にそれを集めてもらい、後に「無料プレゼント」と交換する仕組みになっていました。店の客は、少しスタンプを集めて小さな「プレゼント」と交換するか、多くのスタンプを集めて「素晴らしい景品」と交換するか、のどちらかを選ぶことができました。

　バーンは、「これと同じようにゲームプレイヤーは、ラケット感情を集め、それを自分の脚本に合った報酬と交換して『**正当化**』する」と言いました。もしプレイヤーが少ないスタンプで頻繁に交換しようと望めば、ケンカや二日酔いという簡単なものが「無料プレゼント」となるかもしれません。

　反対に、極端な例では、百冊のスタンプを集めて「罪悪感を覚えずに自殺したり、殺人を犯したり、精神病になったりしても当然と思う。あるいは何の制約も感じることなく、離婚したり、治療や仕事を止めたりする」[10]のです。これらの場合には、「無料プレゼント」は、その脚本の最終局面に相当するものでしょう。

心理ゲームに共通するメリット

　バーンは、心理ゲームから生じる上記以外の「共通するメリット」について述べています。「心理ゲームはすべて、生きる上での安定、心理面の安定を個人にもたらす、という事実から演じられている」と言うのです。バーンはこのテーマで、6つのメリットをあげました。

生きる上でのメリット：心理ゲームは、人がよりよく生きるのに必要な「他人からの関心と刺激」を得る1つの手段です。そのような刺激のニーズを、バーンは「生きる上で必要なもの」と考えていました。バーンが好んだ日常語の表現では、「心理ゲームを演じることは、ストロークを得るための確実な方法である」のです。

存在上のメリット：「人が、ごく早い幼児期に自分と他人に対して持った基本的な信念を『確認する』こと」も、心理ゲームを行なうメリットです。バーンは、そのような信念を「(人生の)ポジション」と呼びましたが、その信念はふつう広い一般的な言葉で表現されます。前にあげたバーンの簡単な心理ゲームの例（治療者と患者）では、患者の信念はおそらく「『親のような人』はいつも私をへこます。そこで、そんなことが起こらないよう、彼らが責めてくる前に、私はやっつけてやるんだ」でしょう。これは、「私はOKだが、あなたはOKでない」というポジションとして、一般化することができます。

内的な心理面のメリット：『あなたが演じる心理ゲーム』でバーンは、このメリットを精神分析の用語を使って説明しています。それは「心理ゲームは、リビドーに直接影響する」というものですが、バーンはこの言葉を、より親しみやすい交流分析の言葉で説明することはありませんでした。文脈から考えると、「個人のニーズを満たすために人を操作する手段、あるいは抑圧した感情から自分を守るための操作的な手段が心理ゲームの役割である」と言っているように思います。

外界を見るときの心理面のメリット：これは「心理ゲームを演じることによって、怖しい状況を避けること」です。先ほどの（バーンの）心理ゲームの例では、患者が心理療法家を「コントロールできない」と感じる状況を避けようとしていたのかもしれません。患者は、もしそのような現実に遭遇してしまったら、実際に治療費に失望させられるかもしれないという恐怖に身をさらすことになるでしょう。

内的な社交上のメリット：心理ゲームは、人が直接参加している社交上の集まりで、バーンが「偽りの親密さ」と呼んだ時間を過ごす口実を作ってくれます。前出の簡単な「治療者と患者」の例では、患者と心理療法家の関係が問題になっています。両者とも、心理ゲームを最後まで演じると、二人の関係が深まったと感じるかもしれません。すべての心理ゲームの基礎には、「深い関係を持ちたい」という「隠された動機」があるのです。

外界での社交上のメリット：これも個人の時間の過ごし方と関係しています。ここでのメリットは、両者と直接関係のない事柄についての話題が提供される点です。たとえば心理療法家が、ある「抵抗的なクライエント」を扱う苦労について同僚と熱心に話し合うことが、それに当たるでしょう。

他の理論の「心理ゲーム理論」への影響

　フロイトの「反復する強迫」の考えは、心理ゲーム理論の形成にあたって、単に一般的な背景になっただけでした。バーンは、ホイジンガの研究からそれ以上の特別な影響を受けていました。ホイジンガは、「人間の『遊び』は、単に遊びたわむれるものでない場合が多く、むしろ反対に、時に非常に深刻な問題となる場合がある」と指摘した人です[8)][25)]。
　バーンは、グレゴリー・ベイトソンとその共同研究者による研究も引用しました。彼らは、バーンが「裏のあるやり取り」のモデルとした２つのレベルのコミュニケーションを研究しました。「これは遊びだよ」という表のメッセージの裏には無意識の「これは遊びじゃない」というメッセージがしばしば隠されている、と指摘したのです[8)][26)]。
　またバーンは、自分のゲーム理論を、ほぼ同じ時期に発展した数学のゲーム理論と比較しています[27)][28)]。しかし、２つの理論の関連は取るに足りないものだったようで、バーンを含め、その後の交流分析の理論家たちによって比較研究が進められることはありませんでした。
　結局「交流分析のゲーム理論の最も重要な要素は、ほとんどバーンおよびサンフランシスコ・セミナーの初期の同僚たちの独創的な研究による」と言うのが正しいでしょう。その中でもスティーブン・カープマンの研究は、とくに重要なものでした。バーンは、「切り換え」という考えにカープマンが非常に大きな貢献をした、と賞讃しました。

「切り換え」がバーンの著作に初めて現れたのは、1970年の**『性と愛の交流分析』**の中でした。それより2年前にカープマンは、今日でも有名な「ドラマ三角形」のモデルに関する論文をジャーナルで紹介しています[29]。そこで彼は、以下を指摘しました。

　日常生活のドラマでは――それは古代のギリシャのドラマと同じなのですが――それぞれのプレイヤーは3つの役割、すなわち「迫害者」「救助者」「犠牲者」の中の1つを典型的に演じています。ドラマ的な行動が最高潮に達したところで、各プレイヤーは突然これらの役割を切り換え、他の役割に移ります。「ドラマ三角形」における切り換えは、「Gの方程式」の「切り換え」と同じものです。

「脚本」とは

　脚本は、単なる転移反応や転移的な状況の反復ではなく、派生した形で「転移ドラマ」を繰り返そうとする試みである。その点は演劇の脚本とよく似ているが、演劇の脚本の方が幼児期の原初のドラマから、直観的、芸術的に派生してきたものなのだ。動きとしてみると、脚本はやり取りの複雑なセットであり、繰り返される性質を持つ。しかし、繰り返されるとは限らないというのも、脚本の上演には一生かかるかも知れないからだ[23]。

　交流分析を形作る中心理論として、自我状態と同じく**脚本**の考えもまた重要です。
　上の引用は、脚本に関するバーンの著作の中で最も初期のものです。1957年に「アメリカグループ療法協会」に送付され、翌年（1958年）にその学会誌の記事として掲載された「交流分析―グループ療法の新しい方法」という論文の中に掲載されています。
　10年以上経ってからバーンは、最後の著書『**What Do You Say After You Say Hello?（こんにちはの後に、あなたは何と言いますか）**』の中で、脚本の考えについてより詳しく、より展開した説明を行なっています。
　この本には、脚本に関する最後の定義が載っています。それは、「幼児期の決断に基づく人生計画で、両親の影響によって強化され、引き続いて起こる重大なできごとによって正当化され、自分の選択によって最高潮に達して終わるもの」です。バーンはさらに、この人生計画は「前意識のものである」と付け加えています[2]。

他の理論の「脚本理論」への影響

　脚本についてのバーンの研究は、もちろん彼に先立つ精神分析家たちの考えを受け継いだものです。彼らは、劇、神話、伝説が人間心理に及ぼしてきた役割について深く考えていました。フロイトも、「オイディプス（エディプス）王」などのギリシャ神話に基づいて、自分の多くの理論を創りました。
　これについてバーンは、次のように論評しています。

　　　精神分析の言葉によれば、患者はオイディプス（そのような反応を示す「人物」）である。オイディプスが患者の頭の支配しているのである。脚本分析においては、オイディプスは今まさに始まったドラマであり、各シーンや各場面に分かれ、進行して最高潮に達し、結末を迎えるものなのである[2]。

　バーンは、「（オットー・ランクが有名ですが）フロイトの継承者たちは、『プロットとドラマチックなテーマを持ったドラマ』という表現で、人々がその人生のパターンを持っていることをより明確に示した」と指摘しました[2,30]。
　フロイト以降の非正統派では、ユングが「元型」や**ペルソナ**の概念と同じように神話とおとぎ話に関心を持っていた、とバーンは述べました[2,31]。しかし、「脚本分析に最も近い考え方をしている」のはアルフレッド・アドラーです[2,32]。バーンは、アドラーの「人生の目標」の概念、および「人はこの目標に向かって、無意識に、直接、全人生計画を導いていく。それはちょうど、劇が最終幕に向かって導かれるのと同じように」という示唆に賛成し、それを引用しています。
　さらに、脚本に関するバーンの研究は、ジョセフ・キャンベルの影響を強く受けています。キャンベルは、歴史を通して神話やおとぎ話が人間心理に与えた中心的な役割について著しました。バーンは、キャンベルの著書**『The Hero with a Thousand Faces（千の顔を持つ英雄）』**を「脚本分析のための最高のテキストである」と評しました[2,33]。
　同時代人の中でバーンは、「人は生まれてから死に至るまで、人生のサイクルに従う」という研究を行なったエリク・エリクソン（バーンの教育分析医）の名をあげました。また、バーンや彼の同僚と別に研究していたレインが、脚本分析で用いるものと極めて似た理論や用語を開発していたことにも注目を払っていました[34]。
　交流分析の分野では、サンフランシスコ・セミナーの同僚たちによって、脚本理論への早い時期の重要な貢献がなされました。有名なものは、クロード・シュタイナーの貢献です。彼は、脚本を本人の自我状態とその親の自我状態によって分析する「**脚

本マトリックス」（脚本の成り立ち図）を考案しました[35]。バーンは、最後の著作でシュタイナーなどの研究を、自分の研究と一緒に引用して賞賛しました。

バーンの貢献：それでは、この分野の理論へのバーン独自の貢献はどういうものだったでしょうか？　ここでもその答えは、「観察可能性」です。バーン自身の説明を引用しましょう。

> どのような社交的な集まりでも……個人は、自分の好みの心理ゲームに関連したやり取りをしようとしている。すなわち、自分の脚本に関連した心理ゲームを演じようとするのである。……社交上の交わりに重要な影響を与えるものは脚本であり、また脚本は幼児期の両親や個別の体験から得られたものであって、これらの体験はすべて仕事や仲間を選ぶ際の主要な決め手になるのである。
>
> 脚本は、よく知られている転移理論より一般的な表現であり、どのような社交的な集まりにも、どのような仕事にも適用できる。……これは、**専門的な観察者なら誰でも、どのような所でも**確かめることができるので、たいへん役に立つ。その確認のためには、長い準備も特別の状況も必要としない[8]。（強調は筆者）

脚本についてのバーンの最も詳しい説明は、最後の著書『**こんにちはの後で、あなたは何と言いますか**』の中で述べられています。ここでは、膨大な、あれこれ広がった情報の中で、アイデアが相互にぶつかり、千変万化の姿を示しています。批評家の仕事は、バーンがこの本の中で発表したすべての考えや興味深い示唆――その後、交流分析理論や実践として注目されなかったものも少なくありませんが――の中から、価値あるものを引き出すことだと思います。

さてこれから、交流分析の脚本理論の中心に今も残っている一連の考えについて考察してみましょう。

- 脚本と人生のコース
- ポジション
- 脚本の構成要素
- 脚本の伝達
- 脚本プロセスのタイプ

脚本と人生のコース

　　脚本は人が幼児の早期に計画したことであるが、人生のコースは実際に起こるプロセスである。そのプロセスは、遺伝の要因、両親という背景要因や外部の環境によって決定される[2]。

バーンは、一見「脚本は決定要因ではない」と言っているようにみえます。「人は、幼児期の計画に従っているときでも、ある程度行動の自由がある」とも言っています。しかし同じところで違うことを言っているのに気づきます。バーンによれば、人の「遺伝の要因」と「外部の環境」は、脚本に従うことで課せられるものに加わった「外部の」制約として本人の可能性を制限するものです。

たとえば、人はその人生計画の中ではある年齢まで生きる予定でいるかもしれません。しかしこの意図は、ガンや糖尿病によって遮られたり、誰かの車の事故に巻き込まれたりして実現できないかもしれないのです。

バーンは、「ジェダー」と名づけた「典型的な人類の一員」の例を示し、脚本の決定的要因を驚くような比喩で強調しています。

　　ジェダーは、幼児期に両親によって頭の中に吹き込まれた脚本を実行する。そして、両親の「肉体」が消滅したずっと後まで、残りの人生を脚本通りに生き続ける。プログラムされた順序で作動するコンピュータのテープや自動演奏ピアノのように、パンチ穴を開けた人がその場を立ち去った後でも、同じように動き続けるのである。ジェダーはその間「自動演奏ピアノの前に座って予定通りに民族歌曲や壮麗なコンチェルトを弾いているのは自分だ」と幻想し、キーボードの上で指を動かす[2]。

それでは、「すべての人の人生は全部事前に決められ、人は遺伝、外的事故、そして脚本に閉じこめられて生きる」とバーンは言ったのでしょうか？

そうではありません。「自分を解放し、自分のやり方で仕事をして成功する」人も存在する、とバーンは言いました[2]。ただし、これを実現するためには、人は自分の脚本の「すべて、あるいはその大部分を投げ捨てて再出発」しなければなりません。さらにバーンは、「多くの人はそうしたがらない」とつけ加えています[2]。

この点についてバーンは、『**あなたが演じる心理ゲーム**』の結びで述べた有名な言葉を繰り返しました。

　　「……人類全体にとって、希望はないかもしれない。しかし、その一人ひとりのメンバ

―は希望を持つことができる」[22]

脚本は強いられたものか、自ら決断したものか？：バーンは、脚本についての著作の多くで、「脚本は両親によって子どもに**強いられたもの**である」ことを暗示しています。上の引用文がその例ですが、そこでは「子どもの頭に吹き込まれた」ものとして脚本が描かれています。またバーンは、脚本は両親によって「プログラムされたものである」とも語っていました[2]。

　しかし、明らかに自己矛盾ですが、バーンは「脚本を決断したのは子どもである」とも述べています。「各人は、どのように生き、どのように死ぬかを幼児期に決める。この計画が……脚本である」とも書いているのです[2]。また「脚本は両親によって命じられるかもしれないが、それを子どもが受け入れなければ効果を及ぼさない」と示唆しました[2]。

　実は、これら一見矛盾した立場は容易に統一することができます。バーン自身の言葉によると、以下のようです。

> 　子どもは、両親が本当に何を望んでいるかを見出すのが仕事である。これは、両親から愛され続ける、少なくとも保護してもらえる、困難なケースでは生き延びる、ということの役に立つ。しかし子どもは、そうしたこと以上に、両親を愛し、(もし両親がそれを許すなら) 主な人生の目標を「両親を喜ばすこと」に置く。そして、それを実行するために子どもは、「両親が本当は何を望んでいるのか」を知らなければならないのである。
>
> 　そのため、それぞれの親の指示の中で……どうしてもやらなければならないものは何か、を聞きだそうと努める。……このようにして、自分の人生計画をプログラムする。……その指示の影響は永遠に続くことが多いので、プログラミングと呼ばれている。子どもにとって両親の望みは命令であり、何か強烈な変化でも起こらない限り終生その影響は残るだろう[2]。

　バーンは、「心理療法は、必要な『強烈な変化』を与えることになるかもしれない」と付言しています。

「ポジション」とは

　バーンは、「子どもは、小学校の低学年のころまでに、自分や他人の価値について

深く根を張った信念を持つようになるだろう」と示唆しました。自分自身について「私はOKである」か「私はOKでない」か、他人について「あなたはOKである」か「あなたはOKでない」か、をそれぞれ選んで信念とするのです。これらの信念は「終生変わらないようである」とバーンは言いました[2]。

それぞれの信念は、「私」や「あなた」という主語と「OK」か「OKでない」という述語を含んでいる、とバーンは指摘しました。そして、主語と述語のすべての可能な組み合わせを考え、子どもが取る4つの可能なポジションをあげたのです。それは、

1. 私はOKであり、あなたもOKである。
2. 私はOKだが、あなたはOKでない。
3. 私はOKでないが、あなたはOKである。
4. 私はOKでなく、あなたもOKでない。

「すべての心理ゲーム、脚本、運命は、これらの4つの基本となるポジションの1つに基づいている」とバーンは述べています[22]。

「ポジション」の意味：これらの4つの表現、とくに「私はOKであり、あなたもOKである」は、すべての交流分析の言葉の中でもっとも広く誤解されているものかもしれません。「交流分析は決めつけるもので、つまらない世間の基準への服従を勧めるもの」などと批判者たちは主張しました。バーン以降の交流分析の理論家たちの中には、確かにこの批判に該当するような人もいたかもしれません。

ここでは、4つのポジションに対するバーンの言葉は、その批判とはまったく違う意味で選ばれたことに触れておきたいと思います。彼は、児童精神分析家のメラニー・クラインから「ポジション」という用語とコンセプトを、感謝しながら採用しました[21][22][36]。

バーンは、クラインと同じように、幼児が人生のごく早期に他人との関係で採用する態度について語りました。彼の「OKである」「OKでない」という日常語的な表現は、「価値がある」「価値がない」ということについての幼児の認識を短く表現したものです。

バーンはクラインにならい、3つの「ポジション」に臨床上のラベルを貼りました。それは、パラノイド（妄想的）、デプレッシブ（抑うつ的）、スキゾイド（引きこもり的）の3つですが、バーンの貢献は「健康なポジション」と呼ばれる4つ目の「ポジション」を加えたことです。この「ポジション」の追加は、バーンの主語と述語の組み合わせ理論から論理的に導かれたものでした[22]。

第二章　バーンの主な理論的貢献 | 065

またバーン理論は、クライン理論と強調点が異なっています。クラインは早期の発達プロセスそのものに着目しましたが、バーンは主に、成人に見られる、4つの異なった「ポジション」から採用する人生のパターンに注目しました[2)]。

第1のポジション：私はOKであり、あなたもOKである。この「健康なポジション」についてバーンは、「人生早期の体験によってそうなるか、あるいはその後のたいへんな努力で学ばなければならないものであり、単にそう思うだけでは得られない」と述べました。さらに、「本質的に建設的であり、自分の人生を生きていくことができる」唯一の「ポジション」である、とつけ加えています[22)]。心理療法のプロセスでは、これは「健康になるポジション」です。ここから行動する人は、心理ゲームを演じなければならない必要性を感じません。

第2のポジション：私はOKだが、あなたはOKでない。これは「妄想的なポジション」です。この「ポジション」から行動する人は、「私は王子だが、おまえは蛙だ」というモットーに従っています。困難な人間関係を処理するためには「人を排除する」ことを選び、この目的を押し進めるための心理ゲームをよく演じます。最悪の場合には、ドラマのクライマックスで「誰か他の人を殺す」という脚本を決断するかもしれません。

第3のポジション：私はOKでないが、あなたはOKである。このような「抑うつ的なポジション」では、他人を排除するよりも「自分を排除する」ことを選びます。この目的を進めるための心理ゲームや脚本が選ばれるでしょう。自ら孤立し、「監獄や精神科病棟に入ることを企て」たり、「うつ病で自殺」したりするかもしれません。この人のモットーは「あのとき、ああしていなかったら……」です。

第4のポジション：私はOKでなく、あなたもOKでない。このポジションは、治療の面では「引きこもり」です。これをバーンは「不毛なポジション」と呼びました。この「ポジション」の人は「どうして……（自殺、発狂）しないの？」というモットーに従った心理ゲームや脚本を選びます。

ポジションの移動：バーンは、生活の瞬間、瞬間のプロセスで、人は4つの「ポジション」を移動することができるだろう、と指摘しました。しかし一般に、ある個人は「1つの基本となるポジションを持ち……それに人生を賭け、そのポジションから心理ゲームや脚本を演じきる」とも指摘しています[2)]。もっとも、1つの基本となる

「ポジション」に安定していてその外にほとんど踏み出さない人もいれば、4つの「ポジション」を気まぐれに移動する人もいる、とバーンは言いました。

しかし、もし「ポジション」の間を絶えず移動する人がいるなら、この「ポジション」のモデルはどのように役立つのでしょうか？

バーンはこの質問を自らに行ない、次のように答えて「有用な理論では観察可能性が中心的な役割を演じる」ことを再び強調しました。その答えは、「実際のやり取りを注意深く分析すること」によって、4つの「ポジション」の間を移動する人の行動パターンをつき止めることができる、というものです。この証拠によって観察者は、その人がどのような心理ゲームを選びがちなのか、という結論を理論から予測することができるのです。

バーンは、さらに次のように続けました。

> 一度予測がなされると、その予測は多くの観察によって容易に検証することができる。もし予測とその後の行動とが合わなければ、分析が誤りであったか、ポジション理論が誤りであったか、のいずれかであり、後者の場合には理論を変えなければならないだろう。もし予測と行動が一致すれば、理論は実証される。その証拠が理論を支持するからである[2]。

経験論の哲学に基づくバーンの主張を、これ以上はっきりとイメージすることは困難です。あらためて言えば、彼の主な貢献は、それまでの精神力動論（精神分析学）に観察可能性の要素を加えたことにあるのです。

脚本の構成要素

バーンと初期の同僚たちは、実践を通して脚本を研究し、「人の人生プランには共通の要素がある」という印象を持ちました。これらの共通の要素により、バーンが「脚本装置」と呼んだものが構成されています[2]。脚本装置の構成要素としてバーンが初めにあげたものは、次の7つです。

1. 結末
2. 禁止令
3. 拮抗禁止令
4. プログラム

5．挑発
6．悪魔のささやき
7．内的な解放

　バーンは、「拮抗禁止令」と「禁止令」のコンセプトは同僚のクロード・シュタイナーの功績である、と認めていました[2]。上記リストの1から4の要素の重要性について、今日の多くの交流分析家の考えは、バーンと一致しています。しかし後半の3項目については、あまり強調することがないか、あるいは除かれることが多いでしょう。
　ここでは、バーンの記述に基づいて脚本装置の要素について説明したいと思います。

1．結末（または呪い）：「これは、親が子どもに対し、**どのように人生を終えるか**を伝える方法である」とバーンは述べています。
　言葉によって、あるいは**言葉でないサイン**で親が子どもに与えるメッセージは、「死んでしまえ！」「いつかお前は人殺しをするよ」という呪いの言葉から「長生きしてね！」というものまで広範囲に及ぶでしょう。
　そのような命令は、たとえば「結局、お前は（働き過ぎて若くして心臓病で亡くなった）叔父さんのような最後を迎えるだろう」というように（言葉で語られないのですが）形を変えて伝えられるかもしれません。
　バーンは、この「脚本の結末」について、「子どもが脚本を受け入れない限り、その効果は現れない」という重要な条件をつけ加えています。おそらく子どもは、このようなメッセージを数十回ないし数百回聞いた後で初めて、両親の命令に従うかどうかを決めるのでしょう。しかし、「まれではあるが、おそらく身体的虐待を伴った1回のトラウマ（心的外傷）の経験で、子どもは決断することがある」とバーンは述べています。

2．禁止令（あるいはストッパー）：バーンは、「禁止令」を「脚本装置の最も重要な部分」と見なしました。そしてそれを「親からの不当なネガティブな命令」と定義しました。その目的は子どもが脚本の結末から逃げないようにすることです。その例としては「生意気言うな！」「出ていけ！」「文句を言うな！」などがあるでしょう。
　禁止令はいろいろ異なった強さで親から伝えられますが、一般には脚本のメッセージとして何回も繰り返し伝えられ、また逆らうと罰が与えられることによって、子どもは受け入れようと決心するのです。
　大人になって脚本を再演するとき、禁止令は「人をその場に止めておく」という特

性を示すのですが、バーンはそれを表現するのに「ストッパー」という別の名前を用いました。また別の比喩で「**電極**」との表現も用いました。人が頭の中で親の禁止令を「聞く」と、そのままですぐに従ってしまいがちですが、それは頭に電極を差し込まれた実験動物の行動とよく似ている、という意味でした。

3．拮抗禁止令：脚本装置のこの要素は「禁止令に拮抗しその効果を和らげる」という意味で「拮抗禁止令」と呼ばれるものです。これも親からのメッセージですが、脚本の結末や禁止令が6歳位までの幼児早期に伝えられるのに対し、拮抗禁止令はそれより後の幼児後期に伝えられるものです。子どもは、この時期にはかなり自由に言葉を話せるようになっているので、禁止令（が言葉でないメッセージで伝えられることが多いの）に比べて、拮抗禁止令のメッセージは言葉の意味によって理解できるようになっています。

　親のメッセージは、典型的には、スローガン、ことわざ、モットー、あるいは指示の形をとっています。この中には、家族で世代から次の世代へと受け継がれていくものがあります。たとえば「一生懸命頑張れ！」「おとなしくしなさい！」「お金を貯めなさい」などです。

　バーンは、「一般に、禁止令や選んだ脚本の結末は運命を決めるが、拮抗禁止令は人の生活のスタイルを決める」と言っています。

4．プログラム（あるいはパターン）：親は子どもに「脚本を実現するためには何をすべきか」を教えますが、これが「プログラム」です。これは、親がモデルとなって示すことが多いでしょう。バーンは、父親から「セクシーになりなさい。下品じゃだめだけどね」という禁止令と「美しくなりなさい」という拮抗禁止令をもらった女性の例をあげています。この場合、彼女の母親が「美しい女性になるにはこうするのよ」というモデルになっていました[2]。

5．挑発（あるいは「さあ来い」）：親からもらう誘惑的ないし挑発的なメッセージを示すのに、バーンは「挑発」という言葉を使いました。それは、子どもを脚本に従わせる誘い水として作用します。「さあ来い」は、親の「子ども」の自我状態からイタズラっぽい声の調子で伝えられます。たとえば「全部投げ出しなよ。どうせ同じことだろ？」「またやっちゃった。ハッ、ハッ、ハッ」などです。

6．悪魔のささやき：バーンの考えでは、この「悪魔のささやき」は予測のつかない衝動であって、「人間界ではピエロ、心理療法では悪ふざけをするもの」です。それ

は「舞台裏からセリフをつける生の声のように、内面で経験されるものである」とバーンは言いました[2]。バーンは、治療中のクライエントが悪魔の声に従って説明も予告もなく突然治療を止めてしまった例をあげ、その脚注で「悪魔のささやきは、本来のイド（衝動的な欲望）と同じものである」と付言していますが、この考えをそれ以上発展させようとしませんでした。

7．内的解放（あるいは魔法解き）：「少なくともいくつかの脚本は、それが活性化した後に『自壊』する、という構成要素を組み込んでいる」とバーンは信じていました。この脚本からの「解放」は、偶然あるできごとによって起こるかもしれない、と彼は示唆しました。そのできごとは、現実のものであったり、空想の中でのみ存在するものであったりするでしょう。たとえば、「子どもたちが家を出ていってしまえば……」「心臓発作に襲われたなら……」「おとぎ話の王子様にキスされたなら……」などです。

時の経過が内的解放の代わりになるかもしれません。「50歳になったら……」「父親の年になったときには……」などですが、これを変形させたものが、怖いけれどよくありがちの「もし私が死んでしまえば……」です。

許可：「親のメッセージは、いつもネガティブなもの、あるいは制限するものであるとは限らない」とバーンは言いました。親は子どもに許可を与えるかもしれません。この許可は、単純な命令ではなく、子どもが選択肢から自由に選ぶことを認めるメッセージです。

> それは魚釣りの許可証のようなものである。許可証を持った少年は、魚を釣ることを強いられるわけではない。進んで許可証を使うこともできるが、使わなくてもよいのである……。[2]

許可は、禁止令と同じように、まず言葉が発達する前の子どもに伝えられます。

この言葉は、肯定（してもよい）、否定（しなくてもよい）のいずれでも使える、とバーンは言っています。たとえば、「はっきりものを考えてもいいんだよ（肯定）」と「おバカさんのようにふるまう必要はないんだよ（否定）」というように、です。「許可は、脚本から自由になる能力を人に与える鍵である」とバーンは考えました。許可をたくさん得ていればいるほど、人は脚本に縛られなくなります。反対に、禁止令が強要されればされるほど、脚本に縛られるのです。

治療者が行なう最も効果的な介入の1つは、両親からは得られなかった許可をクラ

イエントに与えることである、とバーンは信じていました。

熱望とファイシス：バーンは、「人間の運命を決める」4つの力について述べています[2]。1つ目は「運命」の外的な力で、2つ目は親と子どもの「悪魔のささやき」で唆されたネガティブな「脚本のプログラム」の力です。

これに対するポジティブなものは、3つ目になりますが、「建設的な親からのプログラム」で、それは「かつてフュシス（Phusis；ギリシャ原語）と呼ばれた、生命の推進力」に相当します。

4つ目は、もう1つのポジティブな力である「独立の熱望」です。これは「もし思うようになるとしたらやってみたいこと」で、「喜んでそうしようとすれば、画像として目に見える形で白昼夢（空想）に現れる」とバーンは言っています[2]。

バーンは、理論的な著作において、2つのポジティブな力、ファイシス（Physis；ギリシャ語起源の一般的な訳語）と熱望のいずれに対しても、それ以上あまり触れませんでした。実は、バーンに続く多くの交流分析家の著作でも、この2つについて書かれたものはほとんどありません。

その結果、ときどき「バーン理論と交流分析は、治すことより病んでいること——人間の健康面より不健康な面に注目している」とみなされてしまいました。最近バーンの業績の再評価がなされるようになって初めて、上記のようなポジティブな側面の重要性がきちんと注目されるようになったのです[3) 14)]。

バーンにとって「治すこと」がいかに重要であったかは、心理療法と治療者の仕事について彼が語った多くの言葉によって明らかです。たとえば次のようです。

> この脚本分析の目的は、ジェダーらが世界に向かって熱望の園を開くことができるように、解放することである。頭の中の「バベルの塔（混乱した話）」を切り離し、「子ども」の自我状態で「これが私のやりたいことだ。私は、私のやりたいようにやる」と言えるようになれば、解放は可能になるのである[2]。

バーンの交流分析は、**ファイシス**のコンセプトにより、同じく「成長への推進力」を強調している他の人間性心理学——実存主義心理療法、人間中心のカウンセリング、ゲシュタルト療法など——のアプローチによく合ったものになっています。バーンは実際、先の「運命を決めるポジティブな力」を論じたところで、フリッツ・パールズの研究を引用しています[2]。

脚本の伝達

　バーンは、「**脚本マトリックス**」のモデルの開発はクロード・シュタイナーの功績であることを認めていました。同時にバーン自身も、このモデルの基礎となった考えを『**心理療法における交流分析**』で述べていて図の一部も描いている、と指摘しています[2) 8) 37)]。シュタイナーの業績は、両親のいろいろな自我状態が子どもの脚本への伝達プロセスで果たす役割を詳しく示したことだ、とバーンは言いました。

　図9は、『**こんにちはの後に、あなたは何と言いますか**』に示されているシュタイナー・バーン版の脚本マトリックスの最も完全な形に基づいています。

　この脚本マトリックスは、脚本からの解放と熱望、および脚本装置の主な要素を示しています。図の横の矢印は、両親のそれぞれの自我状態から伝えられた脚本メッセージと、それを受け入れた子どものそれぞれの自我状態を示しています。

　バーンとシュタイナーは、脚本実現にあたってのパターンやプログラム、一連の指示は同性の親によって伝えられることが多く、禁止令は自分と反対の性の親から伝えられることが多い、と示唆しました。

　図の中心にある縦の矢印は、脚本から逃れて、本人の自律的な熱望を達成しようとする上昇の動きを象徴しています。

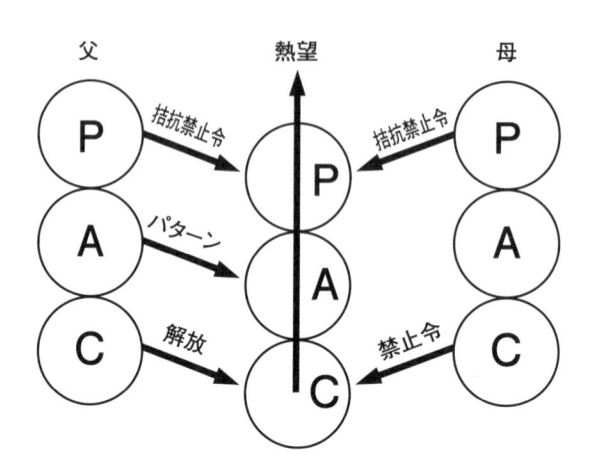

図9　脚本のマトリックス

プロセス脚本のタイプ

　バーンの脚本理論に対するもっとも重要な貢献は、人が長年にわたって脚本を生きていくときに典型的に演じるあるパターンを見出したことです。

　バーンはそう呼びませんでした（まとめた名前をつけませんでした）が、このパターンは今日「プロセス脚本のタイプ」と言われています。こう名づけられたのは、この独自のパターンは脚本のプロセスのみに関わるものであって、内容には関係ないからです。脚本の内容は無数であり、各個人によって異なっていますが、プロセス脚本のパターンはそう多くありません。バーンは次の６つを区別しました。

「決して……しない」
「いつもいつも」
「それまではダメ」
「その後が怖い」
「繰り返し繰り返し」
「その後は何もない」

「繰り返し繰り返し」が現在では一般に「ほとんどできていたのに」と呼ばれることを除き、これらの名前は今も交流分析の用語として使われています。「繰り返し繰り返し」の名前が変わったのは、６つの**どのパターンも**「繰り返し繰り返し」演じられるだろうという認識が生まれたためです。

プロセス脚本理論への貢献：６つのプロセス脚本のパターンは、バーンの最後から２番目の著書『性と愛の交流分析』に初めて現れました[2)][24)]。バーンは、この理論を作るにあたり、他の誰かの考えを引用していたかどうかには言及しませんでした。彼は、ギリシャ神話の熱心な読者であり、プロセスのパターンはそれぞれ、神話のヒーロー、ヒロインの物語に対応したものでした。

　次に、プロセス脚本のそれぞれのパターンをみてみましょう。

「決して……しない」：この脚本を持った人は、「自分の一番欲しいものは決して手に入らない」というモットーに従っています。食物や水が目前にあるのに、決して食べたり飲んだりできないように運命づけられた、ギリシャの英雄タンタロスのような人です。

「いつもいつも」：この脚本は、女神ミネルバに刺繍で競争をしかけたが勝てなかったアラクネと同じものです。アラクネは、その罰としてクモに変えられてしまい、「生涯巣を編んで過ごす」と言い渡されてしまいました。このような脚本を身につけた人は、意地悪な親のメッセージに応えてこのパターンを選んでしまったのです。そのメッセージは、「あなたがそれをしたいなら、一生やり続ければいいじゃないの」というものです。

「それまではダメ」：この脚本のモットーは、「かなりひどい時間を過ごさ**なければ**、よいことにはありつけない」です。「数々の課題を達成するまでは王になれない」と言われたイアーソンがその典型です。

「その後が怖い」：これは、「それまではダメ」の逆の脚本です。このパターンは、「今はよいけれど、明日は悪いことが起こって償いをするようになるに違いない」というものです。これに対応する神話の人物はダモクレスです。彼は、自分の頭上に一本の馬の尻尾の毛だけで剣が吊るされていることに気づかずに、ご馳走を食べていたのです。

「繰り返し繰り返し」（現在「ほとんどできていたのに」と呼ばれる）：このパターンは、シジフォスの神話にみられるものです。シジフォスは、重い岩を丘の上に押し上げるという刑罰を課せられました。押し上げた岩がやっと頂上に届こうというとき、岩はまた丘のふもとまで転がり落ち、彼は初めからやり直さなければなりませんでした。

「その後は何もない」：バーンは、これを「絵空事（当てにならない先の楽しみの筋書き）」と呼びました。このパターンは、それまで親の指図通りに過ごしてきた人が、人生のある時点で突然これからどうしたらいいのかわからなくなってしまう、というものです。神話では、ピレモンとバウキスの話がこれに当たります。この二人は（神によって）一対の月桂樹に姿を変えられ、お互い見合ってじっと立ち続けたのです。

　バーンはプロセス脚本パターンのヒントをギリシャ神話から得ましたが、これらは経験上の観察でも証明されるものです。今まで集められた根拠によって、これらの脚本パターンが現実に存在することを明らかです。プロセス脚本のパターンは、文化が異なっても当てはまり、年齢、性別、教育、その他個人の背景がどうであるかにはあまり関係ないようです。

誰でもその時々によってすべてのパターンを示しますが、一般には優勢なパターンを1つ持っています（それほど多くはありませんが、2つないし3つのパターンが同じように重要である人も存在します）。

　プロセス脚本のパターンは、典型的には長期にも短期にも現われます。たとえば、主なプロセス脚本が「それまではダメ」の人は、定年退職する**までは**命を懸けて働く人生を送り、その後ようやく人生を楽しむというパターンで生きるかもしれません。その同じ人は、仕事を家に持ち帰って夜9時まで一生懸命に働き、その後やっとリラックスできる、という形で日々パターンを表わすかもしれません。

　同じプロセス脚本のパターンでも、その内容は異なったものになるかもしれません。たとえば、二人の人が「その後が怖い」という脚本を持っているとしましょう。一人のプロセスは、パーティに行ってすばらしい時間を過ごすが翌日はひどい頭痛に悩まされる、というパターンかもしれません。もう一人は、買い物で散財する癖があって、新しい買い物によってとても満足するのですが、請求書を見て嫌な気分になり、罪悪感を持つ、というものかもしれないのです。

構造のモデルの上級理論

　バーンは、自我状態による基礎的な構造のモデルから初め、この理論をいくつかの方法で精密なものにしました。ここでは、展開された領域のうち、次の3つについて概説したいと思います。

- 構造の病理
- 2次構造の分析
- エネルギー理論と「自己」の理論

構造の病理

　うまく働かない考え、感情、行動の原因を示すために、バーンは自我状態による構造のモデルを使いました。構造の病理は、「混入」と「締め出し」の2つに帰着しま

す。
混入：図10〜図12に混入の例を示します。このモデルでは、「子ども」、「親」、あるいは両者が「成人」に混入している、と言います。混入は、図では影が付いた重なりとして示されます。

バーンは、「親」の「成人」への混入の説明に「**偏見**」という言葉を使い、「子ども」の「成人」への混入に「**妄想**」という言葉を使って説明しました[8]。考え、感情、行動について、この図からわかることは何でしょうか？

「親」の混入の場合、その人は「親の自我状態」の内容を「今、ここで」の現実として経験しています。もしその「親」の偏見を指摘されると、本人は典型的に「自分は理性的だよ」と自己防衛するでしょう。これを表現すると、本人は「親」の内容を「**成人の自我状態**」であるかのように体験している、と言えるでしょう。

バーンは、「ダンスは不道徳なものだ」という考えを証明しようと考えた宣教師の息子の例をあげています。その彼は、心理療法をしばらく受けた後には、これは自分の父からそのまま譲り受けた偏見であることに気づきました。理論的には、「ダンスは不道徳なものである」という彼の思い込みは「**成人の自我状態」としては体験されなくなり**、「親」の自我状態として体験されるようになります。図10の図でみると、彼は「親」と「成人」との間（あるいは「成人」の一部）の影の部分を取り除き、2つの自我状態の間に明確な境界を確立した、と言っていいでしょう。

「子ども」の混入も、同様に説明することができます。ただしこの場合、「成人」による現実検討を鈍らせる「子ども」の思い込みがあるのです。

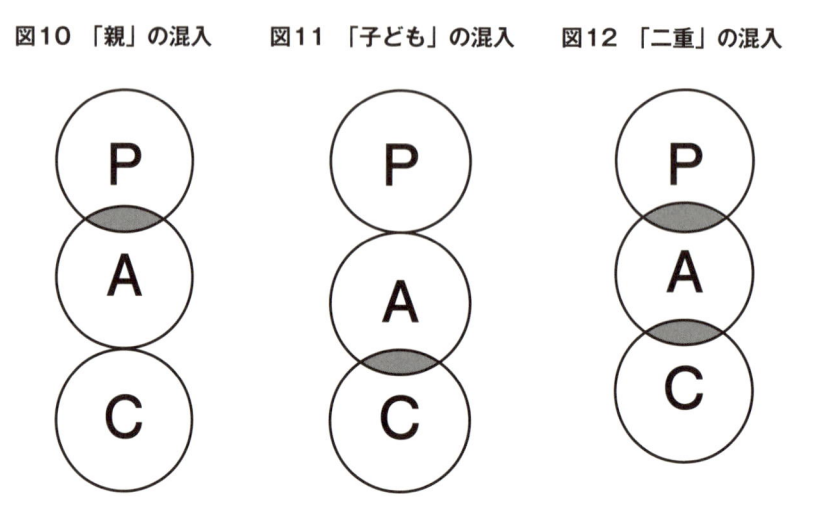

図10　「親」の混入　　図11　「子ども」の混入　　図12　「二重」の混入

バーンは、次のような訴えをした婦人の例をあげています。その婦人は、「風呂場にいる私を誰かが見張っている」と言ったのですが、客観的にはそのような事実はありませんでした。しかし彼女は、「スパイが私を見張っている」と強く主張し続けました。彼女の「子ども」の妄想は、「成人」の自我状態として体験されていました。治療を受けて彼女は、結局、スパイは自分の幼児期のトラウマ（心的外傷）に関係したもので、今の現実と関係がないことを認識しました。

　「親」の混入も「子ども」の混入も認められる場合、それを「二重の混入」と言います。

　締め出し：「ある人は、自我状態の一部を防衛的に締め出しているだろう」とバーンは言っています。これを「締め出し」と言い、それは「脅威を感じる状況に直面したときに、できるだけ長くしっかり維持しようとする、ワンパターンの決まりきった態度」によって示されるものです[8]。

　たとえば、「親」によって「成人」と「子ども」の自我状態を締め出す人は、締め出す「親」（あるいは不変の「親」）である、と言われます。この人は、もっぱら「親のような人」から取り入れたように感じ、考え、行動します。外から観察すると、その人の会話は、どんな状況にでも合うように「得々として持ち出す」一連の陳腐な言葉、スローガン、ことわざからできているでしょう。

　人が締め出す「子ども」であるときは、衝動的な自己愛パーソナリティ、あるいは統合失調症のある発現形態の臨床像を示すかもしれない、とバーンは指摘しています。ここでは、「成人」による現実検討の働き、および「親」によるコントロールしたり養育したりする働きの両者ともが締め出されているのです。

　締め出す「成人」というものはあるのでしょうか。バーンは、その一例として、次のような科学者をあげています。

　　……彼はもっぱら計画立案者、情報の収集者、データを処理する人としての役割を果たしていた……パーティでは一緒に楽しむことができず、また必要なときでも、妻を助ける父親としての役目を果たすことができなかったし、学生に対しても感化を与えることができなかった[8]。

　この「楽しむことができない」人へのバーンの言及が、後に交流分析のずっと大衆向けの読み物の中に出てくることになったのですが、「『成人』は感情がない自我状態で、考えたり計算したりすることだけに関係する」という誤った考えを広めることにもなりました。本当は、バーンの自我状態についての完全な定義では、人は「成人」

の自我状態でも、考え、そして感じ、そして行動することができることを明らかにしています。

２次構造の分析

「親」「成人」「子ども」の３つの基本的なモデルの自我状態による構造分析は、一般に治療のために必要なすべての情報を与える、とバーンは言いました。しかし特別の問題に光を当てるために、ときどき細かく構造の分析を行なうことが必要になることがある、と付け加えています。バーンはこれを**２次構造の分析**と呼びました。

「親」の２次構造の分析：前に述べたように、「親」の自我状態は「親のような人から取り入れた、まとまった思考、感情、行動の再現」と定義されています。この「親的な人」自身にも「親」「成人」「子ども」の自我状態がありました。それで、もしそうしたいなら、ある人の「親」の自我状態をも「その親」「その成人」「その子ども」の構成要素に分けることができますが、これが「親」の２次構造の分析です。

たとえば、ジャックという人の自我状態が、父親から取り入れた「親」であるときのことを考えてみましょう。

この自我状態においてジャックは、彼の父親が「親」、「成人」、あるいは「子ども」で用いた行動、思考、感情を選んで再現することができます。おそらくジャックの父親が「親」の自我状態であったときに、「最初成功しなくても、何度もやって、やって、やってみるんだ！」というスローガンをよく言っていたのでしょう。

事実、父親はその父（ジャックの祖父）からこのモットーを取り込んでいました。今、ジャックは「親」の状態で父親と同じスローガンを繰り返しています。２次構造モデルの言葉を使えば、ジャックの自我状態は「父親の『親』」なのです。

「親」の２次構造の分析は、図13のように示されます[8]。

話を単純にするためにこの図では、重要な「親のような人物」は「母親」と「父親」の二人だけとしまし

**図13
「親」の２次構造の分析**

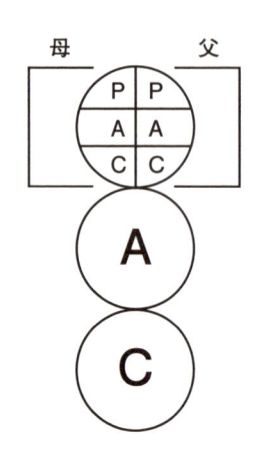

た。その他の「親のような」人物は、「親」の円型を縦に分割することによって示すことができます。

「子ども」の２次構造の分析：また、「子ども」の２次構造の分析を行なうこともできます。

　バーンは、この説明のために、６歳の少年の例をあげています8)。ここでは、その少年の名前をピーターとしましょう。

　ピーターには４歳年下の妹がいて、彼はときどき妹の面倒をみていました。彼の父親から習ったように妹に積み木の積み方を教えたり、母親が自分を叱ったように「そんなことはしてはいけない！」と妹を叱ったりしたのですが、そのようなとき、６歳のピーターの自我状態は「親」だったのです。

　ピーターは、年齢にふさわしい言葉で、「一緒に遊ぼう」と妹を誘ったことがありました。時には妹を怒りましたが、そのときでも、年齢相応のやり方で怒りを表現しました。そのときピーターは、現在の自分の年齢相応の思考、感情、行動を用いていたのです。これは、彼の自我状態が６歳にふさわしい「成人」であったことを示しています。

　ピーターは、妹が生まれたために親の愛を失った、という怖れを抱いたことがときどきありましたが、そのときは親指をしゃぶりました。これは、以前幼い頃にしていた行動で、妹が生まれるずっと前に止めていました。ストレスを感じると、６歳のピーターはより幼児期に用いたひとまとまりの感情、思考、行動に退行しました。このとき彼の自我状態は、「子ども」だったのです。

　さて、20年の歳月が過ぎたと仮定しましょう。ピーターは、一人前の男性に成長しています。それでも彼は、時々６歳に戻って「子ども」の自我状態に移ることがあるかもしれません。この「子ども」の自我状態は、６歳のピーターの思考、感情、経験の完全な再演でしょう。それは、先にみた早期の「親」「成人」「子ども」の自我状態を**構成要素にしている**のです。成人になったピーターは、ひどいストレスを感じるとき、おそらく６歳の子どもよりさらに早期の「子ども」の自我状態に退行し、親指をしゃぶり始めるかもしれません。

**図14
「子ども」の２次構造の分析**

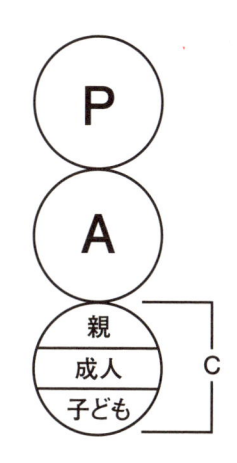

第二章　バーンの主な理論的貢献　｜　079

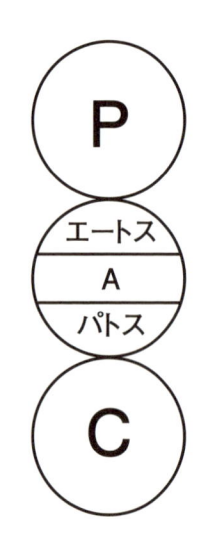

「成人」の２次構造の分析：「成人」の２次構造の分析は、「親」や「子ども」同じ基準で行なうことができないのは明らかです。「成人」の自我状態は、絶えず動いている現在の瞬間における個人の体験、すなわち思考、感情、行動を全部まとめたもの、と定義されています。それは「親」とは違い、人から取り入れた自我状態の内容を含んでいません。また「子ども」とも異なり、本人自身の過去の自我状態の再演でもありません。

しかしバーンは、「成人」の２次構造の分析を提案し、「多くの場合、子どものような性質が、混入のプロセスとは異なっているが、**統合されている**」と指摘しました（強調は筆者）8)。これは、人の中には「『成人』として機能しているときに、子ども時代を思い出させるような魅力や自然な率直さを示す人がいる」ことの観察に基づいています。

さらにバーンは、「成人」で活動しているときに「親」のような性質を示す人がいる、と続けました。この性質とは、責任ある成人に一般的に期待される徳目である勇気、誠実さ、忠実、信頼です8)。

図15は、「成人」の自我状態にときどき統合されていることがある、とバーンが信じた「子どものような側面」と「倫理的な側面」を示したものです。彼は、「子ども」のような側面を**パトス**、「親」のような側面を**エートス**と呼びました。「成人」の残りの領域は、いつも通り定義されている特徴を表わしています。

執筆当時バーンは、「統合」のこのプロセスは「構造分析の中でもっとも不明瞭な分野として残っている」と認めていました8)。実は彼は、「統合」という言葉を、いつも引用符を付けて使っていました。『心理療法における交流分析』の著作以後、バーンはこのテーマについて書き記すことはありませんでした。

**図15
「成人」の２次構造の分析**

P
エートス
A
パトス
C

エネルギー理論と「自己」の感覚

前にも述べたように、バーンは主に現実世界の観察に基づいて構造の分析の理論を作りました。しかし彼は、これらの経験上の発見をよく説明するために、より抽象的

な枠組みを作る必要性があると考えました。とくに、次の2つの質問に対する理論的な解答を示したい、と思ったのです。それは、次のようなものでした。

　第1の質問は、人が「1つの自我状態から他の自我状態へ移行する」とき、実際には何が起こっているのか？

　第2の質問は、人が持つ「自己」の感覚（自己感）の性質はどのようなものか？またそれを、自我状態の移行の観察とどのように関係づけることができるのか？

　これらのテーマについてバーンの考察は複雑で、ここでは概説に留めざるをえません。考えをもっと深く知りたい人は、『**心理療法における交流分析**』と『**こんにちはの後に、あなたは何と言いますか？**』の中でバーン自身が述べている説明をみてください。

　フロイトがその理論の展開の上で同じような疑問に直面したときに、彼は独語で「**備蓄されるエネルギー**」という理論上の概念を提案しました。フロイトの独語に正確に当てはまる英語はありませんが、それは「何物かを満たすエネルギーが充当される」という考えを示すものです[38]。

　一般に英語で「カセクシス」（精神上のエネルギー）と訳されていますが、バーンは英語では説明しきれないことを認めながら、フロイトの概念を採用しました[8]。

　バーンにとって「カセクシス」という言葉は、あくまで純粋に抽象的な用語です。それは、（いまだ）観察したり計ったりすることができない「エネルギーのある形」を意味しています。パーソナリティを自我状態という用語で描き出すとき、この仮説は「ある自我状態からカセクシスが他の自我状態に流れる」というように言い換えることができます。また、「その時点では、特定の自我状態がより多い、あるいはより少ない量のカセクシスを含んでいる」と仮定することができます。

　「カセクシス」が「自我状態間を流れ」たり「自我状態の中に含まれ」たりすると仮定すると、「自我状態間には**境界**がある」ことを想定しなければなりません。バーンは、「このような理論構成全体は、いつか神経学による証明が可能になるかもしれないが、『**単なる概念や比喩**』に**過ぎない**」と注意を促しました。

封じられた、封じられていない、自由なカセクシス：フロイトは「カセクシスには、封じられたもの、自由に動くものの2つがある」ことを示唆しましたが、バーンは「とくに『自己』の感覚と関連させて物事を説明するのには、この2分割は適切でない」と考えました[10][39]。その代り、「精神上のエネルギーには、**封じられたもの、封じられていないもの、自由なもの**の3つの異なった形がある」とバーンは仮定しました。そして、この3つの用語を説明するのに、彼は「木の上のサル」の比喩を用いま

した[8]）。

サルが高い木にじっと座っているとき、サルは高い位置による「潜在的エネルギー」を持っています。これがバーンの言う**封じられたカセクシス**に相当するもので、「その人の自我状態の１つに固定されていて、働いていない精神上のエネルギー」を表します。

サルが木から落ちたとしましょう。そうすると、潜在的エネルギーは「動かすことができるエネルギー」に変わります。これは、「封じられたカセクシスが、**封じられていないカセクシスに変換された**」ことを表しています。１つの自我状態に封じ込められていたエネルギーが、本人が使える可能性を持つものになるのです。

しかしサルは、第３の選択肢、すなわち「木から飛び降りることを選ぶ」こともできるでしょう。もしそうするなら、サルは第３のエネルギー、すなわち「力を持ったエネルギー」を使ったことになります。バーン理論では、これが「**自由なカセクシス**」の姿です。この人は、ある自我状態から他の自我状態に自由に移すことができる精神上のエネルギーを大量に持ったことになります。

「自由なカセクシス」と「封じられていないカセクシス」を合わせたものが「**活動的なカセクシス**」です。これは、「自由なカセクシス」と「封じられていないカセクシス」はどちらも封じられておらず個人が使うことができる、という考えを示すものです。ただしバーンは、「自由なカセクシスは、容易に自我状態の境界を超えて動くことができる」のに比較して「封じられていないカセクシスは、自我状態の境界を自由に超えることができない」と仮定しました。

バーンは、この精神的エネルギーの分類を用いて、「自己」についての感覚（自己感）を打ち立てようとし、また「その瞬間に、『自己感』と自我状態がどのように関係しているか」についての理論的な説明を追究したのです。

「執行役」のパワーと本当の「自己」

バーンの理論体系では、「執行役」のパワーを持った自我状態は、その瞬間に人の行動をコントロールしています。この自我状態は、人が「本当に自分だ」、すなわち本当の「自己」と体験する自我状態と同じこともあるし、そうでないこともあるでしょう。バーンは、「執行役」と本当の「自己」という２つの用語を「精神上のエネルギー」の分布と関連づけ、次のように説明しています。

1. 「**自由なカセクシス**」が優位である自我状態は、本人の「本当の『自己』」とし

て体験されるだろう。
 2. 「執行役」のパワーは、その瞬間に最も強い**「活動的なカセクシス」**（すなわち「封じられていないカセクシス」と「自由なカセクシス」の合計）を持つ自我状態にあるだろう。

バーンは、この説明のためにあるケースをあげました[8]。

彼の患者の一人ですが、若い既婚婦人が「不潔恐怖と強迫的な潔癖さ」の悩みで治療に来ていました。彼女は、1日に何回も手を洗わなければ気がすまなかったのです。彼女の悩みは、時間帯により3つの異なった形で体験されていました。

 1. 時々彼女は、少しの間「強迫的なパターン」から抜け出すことができていた。その間彼女は、強迫的な潔癖さから逃れることができ、楽しく人との話を楽しんだ。
 2. それ以外の時間、彼女は強迫的に手を洗ったが、そのことに嫌悪感を持っていた。そのとき彼女は「自分が自分でない」と感じ、また「自分では止められないと思う」というように体験していた。
 3. また彼女は、自分を責めないで「強迫的パターン」に従うこともあった。そのときには、よく手を洗うのは自然で必要なことと感じていた。外部の観察者から「なぜそうするのか」尋ねられたときには、「過度の合理化」と思われるような理由をあげた。

バーンはこのケースについて、彼の理論的枠組みによって次のように説明しました。

 1. 問題のないときには、傷ついた「子ども」の自我状態は主に「封じられたカセクシス」を持っているだけであり、「成人」の自我状態は「自由なカセクシス」で満たされていた。それで彼女は、「成人」を本当の「自己」として体験していた。また「封じられていないカセクシス」も主に「成人」に存在していた。そのため彼女の「成人」の「活動的なカセクシス」の合計は「子ども」や「親」のそれよりも大きかった。それでそのとき、「成人」が「執行役」のパワーも持ったのである。言い換えると彼女は、健康に行動していることが「彼女自身」を表現している、と思えたのであった。
 2. 彼女が強迫的に手を洗い、またそれを不快に思ったときは、混乱した「子ども」の自我状態の「カセクシス」が「封を解かれた」と考えることができる。「自由なカセクシス」の多くは、まだ「成人」にあった。しかし今、「子ども」

が「成人」や「親」より多く「活動的なカセクシス」を持つようになった。こうして、手を洗う「子ども」が「執行役」のパワーを持つようになったが、その一方「成人」は本当の「自分」という感覚を持ち続けていた。「強迫的パターン」は「成人」と**一致しなかった**ので、彼女は「これは自分ではない」と感じていた。
3. 手洗いを合理化してそれを「自己の一部」と思おうとするとき、彼女の「子ども」の「カセクシス」はまだ「封じられた」ものであった。しかし今、彼女は「自由なカセクシス」の大部分を「子ども」に移動させた。こうして、「子ども」が今や「執行役」のパワーを持っただけでなく、「本当の『自己』」として体験されるようになったのである。

　個人の自我状態の中で「『自己』の**感覚**（自己感）は……『自由なカセクシス』とともに移動する」ことを表現するために、バーンは「**動く自己**」について述べました（強調は原文通り）[2]。

　明らかに、バーンの理論的な説明は「人には、排他的な3つの自我状態のオプションがある」という交流分析の単純なモデルを棄てたものです。自我状態の移行は、このモデルよりもさらに微妙なものなのです。

　「動く『自己』」が（単純な見方でなく）**2次**構造モデルのどれに相当するかを考えると、事態はさらに複雑になります。たとえば私は、取り込んだ「母親」の「親」（母方の祖父）の内容を「自分の本当の『自己』」として体験しているかもしれません。「自己」の概念についてバーンは、彼の理論では充分に説明しないままにする、ということを明らかにしています。彼は、最後の著書で、構造の分析について次のように述べました。

　　　構造の分析では、少なくとも正式には、存在の本質である「自己」には触れていない。「自己」は、「自由なカセクシス」の構成という、この分野を超えた概念——そこに「自己」は存在する——を必要としている。それゆえ私は、この研究のための全領域を次の人々に残しておく……哲学者、形而上学者、神学者、詩人がもっとも適切に扱ってくれることを期待して[2]。

　バーンの精神上のエネルギーと「自己」についての説明をみてきましたが、以上で彼の理論の概説は終りとし、次に理論の実践、適用について述べていきます。
　バーンはその理論を、日常の心理療法の実践の場にどのように適用したのでしょうか？

文　献

1) Berne, E. (1971): Away from a Theory of the Impact of Interpersonal Interaction on Non-Verbal Participation, Transactional Analysis Journal 1(1): 6-13. Reprinted in Berne, E. (1976). Beyond Games and Scripts (eds C. Steiner and C. Kerr). New York: Grove Press.
2) Berne. E. (1972): What Do You Say After You Say Hello? New York: Grove Press.
3) Clarkson, P and M. Gilbert (1990): Transactional Analysis in W. Dryden (ed.)Individual Therapy: a Handbook. Buckingham: Open University Press.
4) Malan, D. (1979): Individual Psychotherapy and the Science of Psychodynamics. London: Butterworths.
5) Rogers, C. (1961): On Becoming a Person. London: Constable.
6) Wolpe, J. (1958): Psychotherapy by Reciprocal Inhibition. Stanford: Stanford University Press.
7) Van Deurzen-Smith, E. (1990): Existential Therapy, pp149-74, in W. Dryden (ed.): a Handbook. Buckingham: Open University Press.
8) Berne, E. (1961): Transactional Analysis in Psychotherapy. New York: Grove Press.
9) Berne, E. (1949): The Nature of Intuition, The Psychiatric Quarterly 23: 203-26. Reprinted in Berne, E. (1977) Intuition and Ego-States (ed. P. McCormick). San Francisco: TA Press.
10) Berne, E. (1966): Principles of Group Treatment. New York: Oxford University Press.
11) Berne, E (1957): Ego States in Psychotherapy, American Journal of psychotherapy 11: 293-309. Reprinted in Berne, E. (1977) Intuition and Ego-States (ed. P. McCormick). San Francisco: TA Press.
12) Federn, P. (1952): Ego Psychology and the Psychoses. New York: Basic Books.
13) Fairbairn, W. (1952): Psycho-analytic Studies of Personality. London: Tavistock.
14) Clarkson, P. (1991): Transactional Analysis Psychotherapy. London: Routledge.
15) Penfield, W. and H. Jasper (1945): Epilepsy and the Functional Anatomy of the Human Brain. Boston: Little Brown.
16) Falkowski W., D. Ben-Tovim and J. Bland (1980): The Assessment of the Ego-States, British Journal of Psychiatry 137: 572-3.
17) Gilmour, J. (1981): Psychophysiological Evidence for the Existence of Ego-States, Transactional Analysis Journal 11(3): 207-12.
18) Steere, D. (1982): Bodily Expressions in Psychotherapy. New York: Brunner-Mazel.
19) Williams, J. et al. (1983): Construct Validity of Ego-States, Transactional Analysis Journal 13(1): 43-9.
20) Rycroft, C. (1972): A Critical Dictionary of Psychoanalysis. Harmondsworth: Penguin.
21) Clarkson, P. and M. Gilbert (1988): Berne's Original Model of Ego-States: Some Theoretical Considerations. Transactional Analysis Journal 18(1): 20-9.
22) Berne, E. (1964): Games People Play. New York: Grove Press.
23) Berne, E. (1958): Transactional Analysis: a New and Effective Method of Group Therapy, American Journal of Psychotherapy 12: 735-43. Reprinted in Berne, E. (1977) Intuition and Ego-States (ed. p. McCormick). San Francisco: TA Press.
24) Berne, E. (1970): Sex in Human Loving. New York: Simon and Schuster.
25) Huizinga, J. (1955): Homo Ludens. Boston: Beacon Press
26) Bateson, G. et al. (1956): The Massage "This is Play", in Transactions of Second Conference on Group Processes. New York: Josiah Macy Jr. Foundation.

27) Berne, E. (1962): The Psychodynamics of Intuition. The Psychiatric Quarterly 36: 294-300. Reprinted in Berne, E. (1977) Intuition and Ego-States (ed. P. McCormick). San Francisco: TA Press.
28) Kuhn, H. and A. Tucker (1950): Contributions to the Theory of Games Princeton: Princeton University Press.
29) Karpman, K. (1968): Fairy Tales and Script Drama Analysis, Transactional Analysis Journal 7(26): 39-43.
30) Rank, O. (1910): The Myth of the Birth of the Hero. New York: Nervous and Mental Disease Monographs.
31) Jung, C. (1946):Psychological Types, New York: Harcourt Brace.
32) Adler, A. (1963): Individual Psychology, in G. Levitas (ed.), The World of Psychology. New York: George Braziller.
33) Campbell, J. (1949): The Hero with a Thousand Faces, New York: Pantheon.
34) Laing, R. (1976): The Politics of the Family. Harmondsworth: Pelican.
35) Steiner, C. (1971): TA Made Simple. Berkeley: California.
36) Klein, Melanie (1949): The Psycho-Analysis of Children. London: Hogarth Press.
37) Steiner, C. (1974): Scripts People Live: Analysis of Life Scripts. New York: Grove Press.
38) Bettelheim, B. (1983): Freud and Man's Soul. London Chatto and Windus.
39) Freud, S. (1949): An Outline of Psychoanalysis. New York: W. W. Norton.

第三章
実践面へのバーンの主な貢献

……「患者をどう治すのか」というのが唯一の書きたい論文だ。本当に自分の仕事をしようと思う人にとって、これこそ書くに値する唯一の論文である[1]。

　治すこと、どんなことをしても治すこと——これが心理療法家としてのエリック・バーンにとって、もっとも重要な目標でした。彼は、著述のあらゆる所でこの点を繰り返し述べています。ここでは、バーンが書いた「患者を治すこと」という実践面の業績について解説しようと思います。
　第一に、バーンの心理療法に対する哲学を再検討します。これは、後のすべての説明の基礎となるものです。バーンは、効果的な心理療法の性質と狙いについてたいへんはっきりとした考えを持ち、いつでもその見解を率直に述べる準備をしていました。
　第二に、バーンが心理療法家に必要な特性について書いたものを検討していきます。
　第三は、これにつながるものですが、「治療関係」についてのバーンの見解を吟味していきます。
　さて、バーンは「治す」という目標に専念していましたが、彼は「治すこと」をどのように定義したのでしょうか。第四に、この疑問への解答をみていきます。
　そして最後に、バーンの治療の中心の2つの面、すなわち「契約という方法」と「治る順序」について考察します。

心理療法に対するバーンの哲学

　バーンにとって心理療法は、「治すこと」を唯一正しい目標とする能動的なプロセスでした。治療者には自分の職業的なスキルをすべて使い、できるだけ効果的にしかも早く治す責任がある、としました。バーンは、心理療法の目標として「治すこと」以外を選ぶことは職業人としての責任の放棄である、として退けました。

「治す」対「改善をもたらす」

　バーンは、とくに「治すこと」と「改善をもたらすこと」をはっきりと区別し、次のように言っています。

「改善をもたらす治療」のスローガンは「十分に分析できるまでは、あなたはよくならない」だが、「患者を治す治療」のスローガンは「よくなることが第1で、あなたが望むなら後で分析しよう」である[2]。

バーンは、あらゆる物語や比喩を使ってこの観点を強調しました。「改善が得られている」患者を、「小石が入った重い袋を担ぎ、ときどき小石を1個ずつ捨てながら重荷を軽くして、とぼとぼ海岸を歩く人」にたとえました。これに対し「治すこと」は、「患者がすべての重荷を一度に捨てることができるように、単純に革ひもを切ってしまうことである」と言いました[2]。

バーンは、別の比喩として「ゴルディオスの結び目」の古代神話をあげました。「改善をもたらす」は、結び目を解こうと努めることです。ときどき何本かの紐の端が解かれて引き出されるのですが、結び目そのものは堅いままです。これに対し「治す」とは、治療の剣を持ち、よく狙いを定め、一刀の下に結び目を切り落とすことです[2][3]。バーンは、「結び目を解く代わりに結び目を切ることが倫理的でないと一般に思われているのは、どうしてだろう？」と疑問を投げかけています。

もう1つの説明に、バーンはお好みの童話の1つ、『カエル王子と王女の物語』を用いました。

　……治療目標には2種類ある。第1は、少しずつよくしていく、あるいは「改善をもたらす」と呼ばれる試みである。その結果「より心地よいカエル」が作られる。これに対し第2は、「よくする」あるいは「治す」ことを目標とするものである。これは、カエルの皮を脱ぎ捨て、王子や王女になるための成長を再開することを意味する[4]。

バーンは、心理療法の目標として引用されることがある流行のいくつかの言い訳について、次のように鋭く批判しました。すなわち彼は、「自己洞察」のみを目標とする治療者について、「もっとも『自己洞察ができる』『興味深い』患者の何人かは、霊安室でもっとも賢い人々か、州立病院か刑務所の中でもっとも賢い人々だろう」[2]と言っているのです。

バーンは、治療目標の選択についてより学術的に記した論文の中で、治療者の「単なる楽観主義、不明瞭な考え方、治療の自己満足」について警告しました[4]。さらに、「『共有』『統合』『成熟』『成長』などの言葉は、（もし、どうしても使うなら）あいまいでなく、もっとも厳密に、注意深く定義されなければならない」と言いました[4]。

第三章　バーンの主な理論的貢献　089

時間の要素

バーンがしばしば繰り返したスローガン、「よくなることが先、分析は後でもできる」は、「治すこと」を目標にするだけでなく「できるだけ早く治すこと」を強調したものです。

> 私は急いでいる。人々を治したいのだ。改善に興味はない……[1]。

> 治療者の仕事は……患者の病気をできるだけ早く治すために必要な処置なら何でもすることである……そうでなければ「治療者」と言う名前は誤称になる……[4]。

この目的を突き詰めて論理上の結論を導くと、治療者の理想は「1セッションで治すこと」になるでしょう。チェニーによれば、これこそまさに、彼がたびたび訓練生や同僚に勧めていたものでした[5]。しかし彼女は、「バーンは、この目的を実現することがいかに困難か十分に認識していたので、ニヤニヤして話していました」とも伝えています。これはそう、重要な指摘をするためにバーンが用いた誇張法でした。その指摘は、「『治す』という目標に一致するかぎり、心理療法家は治療を長びかせず、短くすることを狙うべきである」というものです。

心理療法家の責任

バーンはまた、「治療者は、人を助けることはできない。人は、自分の力で自分を助けるべきである」という耳触りのよい考えを退け、次のように指摘しています。

> 自分の仕事をよく知っている人が心理療法に訪れたとき、あなたがもし「私はあなたを助けることはできません。あなたがあなた自身を助けなければならないのです」と言ったとしたら、すぐに彼は立ち去るだろう。そのとき私は、彼を非難しようとは思わない[1]。

バーンはこの考えを、彼好みの「心理療法家を熟達した技術者になぞらえる」比喩を使って強調しました。彼は、最後の講演で次のように言いました。

> 私個人は、頭の整備士である——私はそれだけのものだ。あなたが「頭の車の調子が

悪い」と言って来たら、私は「いいでしょう。頭を治しましょう」と言うだろう。……もしあなたがそうしたければ、まず学ぶべきものは単純で、純粋な心理療法である[1]。

「頭の整備士」に似た話は、「ボイラーを強く打つ機械工」としてすでに語られています。

> このアプローチは、ボイラー修理に呼ばれた機械工のやり方である。機械工は、バルブが動かなくなっているのを見つけ、ハンマーで強く叩いてボイラーを元に戻した。そして、100ドルを請求した。所有者は「たった1回のハンマー打ちにしては高過ぎる」と言い、明細書を要求してきたが、これに対し機械工は次のような返事を送った。「ハンマーでのボイラー打ち料：1ドル、打つ場所の発見料：99ドル」[6]

バーンの物語の「熟達した技術者」は、しばしばしっかりしたベテランの医師のことを指していました。

バーンは、足の指にトゲが刺さった男を例にあげました。足の指はすぐ化膿し、男は片足を引きずって歩くようになりました。それを矯正しようとし、脚や背中の筋肉が緊張しました。緊張は首まで広がり、とうとう頭痛に悩まされるようになりました。まもなく足の指の化膿のため熱も出るようになったので、男はある外科医を訪ねました。外科医は男をざっと見て、「病状は全身に関係して重い」と宣告しました。この外科医は、「私はおそらくあなたの病気を治せるだろうが、保証はできない。治療のために数年はかかるだろう」と言いました。

この診断にがっかりした男は、第2の意見を求め、足の指にトゲが刺さったまま他の外科医を訪ねました。幸いなことに第2の医師は、バーンの言う「地に足がついた、白髪まじりのベテラン医師」でした。

> そしてこの外科医は「おやおや。このトゲで足の指が化膿したんだね」と言って、ピンセットを取り出してトゲを引き抜いた。すると熱は下がり、脈拍も普通に戻った。頭の筋肉や背中の筋肉の緊張も解け、脚の筋肉も楽になった。男は、48時間以内、おそらくそれより短い時間で正常に戻った。これが心理療法を実施する方法である。「トゲを見つけ、引き抜くように」やるのだ[1]。

第三章　バーンの主な理論的貢献

「古代の３つのスローガン」

　また別の面をみてみましょう。バーンの著作をみると、医学のトレーニングとその背景になっているものが、彼の心理療法に対する考えに強い影響を与えていることがわかります。

　バーンは「古代の３つのスローガン」を引用し、「心理療法家は各治療セッションの前に必ず思い出すべきである」と勧めています[4]。その３つとは、「**まず何より、害をなさないこと**」「**自然に治る力**」および「**治療するのは私、治すのは神様**」です。バーンは、医学の伝統からこれらの標語を引用しています。

「まず何より、害をなさないこと」（ラテン語の意訳）：心理療法家の最も重要な責任事は「害を与えないこと」です。それゆえに治療者は、

> ……患者の感情を傷つけたり、患者を誤りに導いたり、……適切な準備もなく病理の領域を開いたり、他の心理療法家の治療を受けられないようにしたりして、患者に危害を加えるという可能性を認識……（しなければならない）。治療者は、**自分で始めたものを自分で終わらせることができるようになるまでは、トラウマがある領域をのぞき見してはならない**……[4]

「自然に治る力」：バーンは、「患者は『身体および精神の健康に対する生来の衝動』を持っている」と言っています。彼はその関連性を明確にはしませんでしたが、私たちは「健康への衝動」を「ファイシス」の力——バーンが脚本理論で語った「生命の推進力」ですが——の１つの表現として考えることができます[7][8]。バーンは、次のように言っています。

> （心理療法家の仕事は）**患者が自分本来の方向に自然に成長することを妨げるものを取り除くこと**……自分のパーソナリティの健康な領域を育てて自分の可能性を高められるように、その領域を見つけることによって[4]。

「治療するのは私、治すのは神様」（16世紀のフランスの標語）：バーンは、「治療者は誰も『治す』ことはできない。自分の能力を尽くして患者を治療し、害さないように注意し、後は自然に治るコースをたどるのを待つだけだ」と言いました[4]。

　このスローガンや「**自然に治る力**」の原則と、「治療者の仕事は『治すこと』」というバーンの主張とは、どう調和させて理解したらよいのでしょう？

この疑問には、バーン自身が答えを出しています。「患者を治すこと」は「患者が今日治るように準備してあげること」という意味だ、と言っているのです。

一方バーンは、「『自然に治る力』は、治療者が何もしないことへの言い訳やきちんと仕事をしないことに対する言い訳とはならない」という点を明確にしています。「患者のために準備する」仕事には、あらゆる職業的な技術が必要です。このような技術を実行する際には、「根気よく、勤勉で、献身的で、誠実で、そして鋭い」状態を保たなければなりません。

心理療法家に適した人柄

バーンは、心理療法家は彼の言葉で言う「真の医師」でなければならない、と熱心に説きました。これは、医師だけが心理療法を行なうべきだ、と言っているのではありません。「医師免許があろうとなかろうと、すべての治療者は『最高の古代の癒し術の伝統』を示す特性を身につけることが必要だ」と述べているのです。

バーンは、「本物の医師」は次のようでなければならない、としています。

1. トレーニングと実践上の洞察によって何よりも「患者を治すこと」に専念している。
2. それぞれの局面において、「自分が何をしているのか、なぜそうしているのか」を理解できるように、治療の計画を立てることができる。
3. 自分が研究に従事している場合でも、いつも患者のための適切なケアを優先して考えている。
4. 専門家としての責任の範囲の行動に対し、一人で責任を全うする。

バーンはさらに続けます。「良心的な治療者は、２つのやり方で、すなわち職業上、および個人的に準備を行なうだろう」と。

職業上では、まず承認されたトレーニングを完了し、その分野でのスーパービジョンを受け、そうすることなしには治療上のアプローチを絶対に行ないません。個人的には、自分が治療者になろうとした動機を調べるでしょう。自分の潜在的な弱点と操作されやすい領域は何だろう？――このような個人的な困難を解決しておくように注

意を払います。

　バーンは、**専門のトレーニング**について、「治療者は交流分析の理論と実践のトレーニングだけでなく、精神分析の理論と実践、集団心理療法、集団力動などの基本についてもトレーニングを受けるべきである」と勧めました。さらに、「実践家は、実存主義心理療法、ゲシュタルト療法、ユング心理学、サイコドラマ（心理劇）なども知っていることが望ましい」と言いました[4]。

　バーンは、交流分析家としての認定を受けたい人たちのために、トレーニングと教育の基礎学科カリキュラムを制定しました[9]。これには、解剖学、生理学、薬理学、児童の発達、一般心理学、精神病理学などのテーマも含まれています。それに加え、「治療者は、（専門家に）紹介する際に明確な根拠となる身体疾患のサインや症状の見方について、実際の知識を持つことが必要である」と考えました。

　バーンは、**個人的な準備**について、教育的なトレーニングやスーパービジョンと同じように、「心理療法家は、患者として、個人とグループの心理療法を経験しておくべきである」と言いました[4]。しかし、これだけでは十分でなく、心理療法家の訓練生は、心理療法家になる自分の動機が何であるかを見出すために「厳しい自己点検」の必要がある、と説きました。

　バーンが勧めた方法は、「訓練生は、まずペンと紙を取り出し、心理療法家になりたいと思った理由を３つ書き出す」というものです。彼は、これによってたいてい「成人」の自我状態による動機が解る、と言いました。

　さらに第４、第５の理由を書き出してみます。それらは多くの場合、社交上ないし個人的な地位を得ること、野心を満足させること、などに関係しているでしょう。もしそうなら、それは「親」の自我状態から出ている動機に違いありません。

　最後に訓練生は、時間をかけて、心理療法家になりたいと思った前意識の理由を発見しなければなりません。これは、「子ども」の自我状態に源を発しているものでしょう。バーンは、この「子ども」の動機が実践上心理療法の結果を決定する最大の要因で、気づかなければならない最も重要なものである、と考えました。

　バーンは「子どもの動機」の例をあげなかったので、私の経験から２つの例をみてみましょう。

　「子ども」では、「ボクがいなければ周りの人は皆倒れてしまうことがわかるので、人々を治すことを自分の仕事としよう」と言うかもしれません。あるいは、「ボクから人が離れていかないように十分に助けることができるかどうかずっと確かめていたいので、援助者のポジションに自分を置こう」と決断するかもしれません。

　バーンは、「心理療法家は、いったん自分の『親』と『子ども』の動機を見出したら、適切な自己修正をすべきである」と続けました。「私は、心理ゲームを演じてい

るのだろうか？」と問う代わり、「私は、どんな心理ゲームを演じているのだろう？」と自問すべきだ、と言うのです。

　この問いに対していつでもはっきり答えられるようにするためには、定期的なスーパービジョンは欠かせません。バーンは、最低毎週１回のスーパービジョンを勧めました[4]。心理療法家は、知識を身につけ、心理療法セッション中に自分が心理ゲームを演じてしまう可能性を抑えるために、自分の行動、思考、感情を調整すべきです。バーンは、この自己点検と自己修正の継続的プロセスを表現するために自己調整という用語を用いました[4]。

治療における態度

　バーンは、「心理療法家は、言葉のあらゆる意味で新鮮な気分で自分の仕事に当るべきだ」と信じていました。それには、定期的な屋外運動や十分な睡眠によって良好な健康を維持しなければならないでしょう。過度の飲酒を慎み、「結婚生活によってもたらされる」健康で適切な性生活を楽しみましょう。また治療時間中は、自分の心理療法の技術について、毎週何か新しいものを学ぶことを目標としなければならないでしょう[4]。

　　本物の専門家は……毎回成功したいと思うものだ。彼は、「成功にこだわる人」である。治療者が自分の運命の主人公となるためには、学ぶ機会を決して逃さず、成功するためにあらゆる合法的な手段を使い、失敗を二度と繰り返さないように徹底して分析するまでは休まない、という誓いが必要である[4]。

目標と方法

　心理療法家は、「治す」ように進めていく作業において、クライエントとの契約交渉のプロセスを通して治療目標を定めます。
　続いて心理療法家は、状況やクライエントのことを考え、目標達成のために最も適切と判断される治療上のアプローチを決定します。たとえば、精神分析のアプローチを選ぶかもしれませんし、交流分析の枠組みを使うことを選択するかもしれません。バーンは、次のように続けています。

一度治療法が決まったら、そのアプローチにしっかりと従うべきである。最もよい結果を保証するのは、「治療者もクライエントも、選んだ方法に共に従う」と誓うことである。……治療者は、できれば事前に、それぞれの患者と一緒に進む各ステップを知っておくべきである。1つのステップが完了したらどのように次のステップに移るのか、を正確に知っておくのだが、各ステップは明示的な治療目標を目指したものでなければならない[4]。

心理療法における関係

　バーンが「有能な治療者」と考えたのは、熱心に自分の技術を磨き、いつも「早く治す」ことを心がけて仕事に打ち込んでいる専門家です。治療のプロセスでは、組織された計画に積極的に従って行動し、「断固とした介入」を行ないます。たとえば、足の指からトゲを引き抜く、ゴルディオスの結び目を切る、小石が詰まった重い袋の革ひもを切る、などの介入を行なうのです。
　バーンが考えていた治療関係は、このような介入とどのように関連しているのでしょうか？
　ここまでのところ、バーンは「治療者とクライエントとの関係」についてほとんど触れていません。もしその記述があるとすれば、バーンは一見、この関係を伝統的な医学の枠組みに従って「医師」と「患者」（の関係）として捉えていたように思います。
　しかし、さらに説明を見ていくと、ある場合にはこれが当てはまるものの、予期に反して他の場合にはそうでないことが解ります。バーンは、「心理療法家とクライエントの関係」について革新的な考えを持ち、保守的な精神医療の同僚を軽蔑し、自分の考えを実践したのでした。
　これまで述べてきた治療上の関係についてのバーンの考えは、十分に明らかでしょう。すなわち、「心理療法家の意図がどのように善意であっても、**クライエントとの関係の確立は必ずしも治療的であるとは限らない**」のです。バーンは、次のように言いました。

　　プロの治療者の仕事は、自分の知識を治療に役立つように使うことである。もし患者

が愛で治るのなら、それは恋人に任せておくべきだ。患者が回復したとき、治療者は「私の治療が自然の力を助けた」と言えるが「私の愛が病いに打ち克った」と言うことはできない。この言葉は、患者の恋人のために残しておくべきである[4]。

確かに、いったんよい関係ができると、治療上の変化が『タイミングよく起こる』かもしれません。しかしバーンは、「幸運を期待するのはアマチュアの特徴である」と考えました[4]。本物の専門家は、一貫して理論の枠組みに基づき、治療の活動計画を用い、自然の力を助けるのです。

バーンと「医学モデル」

バーンは、自分自身の治療へのアプローチについて、次のように論評しています。

> 本書を通して私は、人々を恐怖で縮みあがらせ悪夢を見せる心理療法の「恐るべき医学モデル」を述べることになる、と考える。しかし私は、これを非常にいいモデルだと思っている。なぜなら、他の状況にもうまく当てはまるからで、もしあなたが人々の頭を治すつもりなら、医学モデルを使うべきだと思う[1]。

バーンは、「医学モデル」がどういうものかについて、これ以上詳しくは述べませんでした。しかし、これまでみてきたことから、彼が言おうとしたことを少し推測することができます。

バーンにとって効果的な心理療法家、すなわち「本物の医師」とは、自分の職業上の技術を行使することに全責任を負う人のことです。どのようなステップが「治すこと」を最も促すかをわかった上でそのステップを始めるのは心理療法家の仕事であり、クライエントの仕事ではありません。

この「医学モデル」とよく結びつけられるもう1つの特徴は、治療のための手がかりとしての系統的な診断を行なうことです。

心理療法において標準となる診断分類を用いることの賛否を具体的に論じたバーンの論文は見当たりませんでしたが、バーン自身は標準となる診断名を自由に用いていました。彼は、治療計画を作るときには、心理療法家の診断が主な検討事項であることを明らかにしました。

もう1つ重要なのは、バーンの治療上のアプローチも、系統的な診断によっていたことです。実際上の交流分析の適用は、心理療法家の診断能力に決定的に依拠してい

第三章　バーンの主な理論的貢献 | 097

ます。それは、自我状態の移動、やり取りのパターン、心理ゲームの中で続いている動き、あるいは脚本を示す行動のサインに気づく能力です。

しかしバーンは、クライエントに断定的なラベルを貼ることに反対しました。「『弱い自我』というものは存在せず、ただあまり『備給』を受けていない自我があるだけだ」と考えました[4]。さらに心理療法家に、「子どもっぽい」「未熟な」や「成熟した」という言葉を使わないように、と勧めました。

> ……行動には未熟なものもあり得るが、未熟な個人はあり得ない（生体の発達上の欠陥を除いて）。コンセントを入れていないラジオは聞くことができない。しかし可能性は備えているので、コンセントをつなげば聞くことができる。……著者の経験では、神経症だけでなく、精神発達上の障害、慢性の統合失調症、「未熟な」サイコパスでも、よくできた「成人」を備えている。問題は、そのような人が未熟で「ある」ことではなく、「成人」を「コンセント」につなぐ方法を見出し難いことである[1]。

この比喩で、バーンが伝統的な医学用語や診断上の標識を使う背後に人に対する深い敬意があったことが自ずとわかる、と私は信じています。

契約という方法：バーンが「医学モデル」から離れて用いたもう１つの方法は、心理療法の関係における**契約**という要素の強調です。

伝統的な医師—患者の関係では、医師は患者を治すために主導権を握るだけでなく、何が治しているのかを知っている唯一の人とされています。これとは対照的に、バーンの心理療法のモデルでは、治療者とクライエントの両者が同意した変化についての表明にたどり着きますが、これが両者の契約です。「治すこと」は、契約した目的を達成することとしてのみ定義されるのです。

心理療法における本物の関係

バーンは、実存主義哲学に忠実に、「心理療法家は、クライエントとの関係で本物であることが必須である」と考えました。ここで重要なことは、「治療者は**心理療法家として本物でなければならない**」のであって、「友人として」とか「単なる人として」ではありません。

心理療法家は実際、バーンの言葉を使えば「患者の親友」ではありません。この事実を無視すると偽物になってしまいます。心理療法家とクライエントの関係では、

「二人がまったく異なる立場にいる」というものです。二人は、異なった目的を持ってそこに存在していて、それぞれその状況に役立つ異なった資源を持ち込むのです。

> ……患者は、治療者が自分たちより多くのことを知っているから、彼のところに来るのである……治療者の中には、グループの中で「治療者も患者と同じである」というようにふるまう人がいるが、そのようにふるまうことは無益である……治療者はそこにいることで金が支払われるが、患者はそうではない。「患者はサービスを受けることを期待していて、また受ける権利も持っているが、治療者には患者に同じものを期待する権利は何もない」という明らかな理由から考えてみてもそうである[4]。

バーンは、「心理療法家は、各治療セッションを始める前に、次のような実存上の質問について熟考した方がよい」と勧めています[4]。たとえば、次のように自問するのです。
「私はどうしてここにいるのだろう？　この時間は私の成長にどのように役立つのだろうか？」
　自分のクライエントについては、次のように自問します。
「なぜ彼らはここに来たのだろう？　解決策としてどうして心理療法を選んだのだろう？　この時間は彼らの成長にどう役立つのだろうか？」
　さらに、クライエントとの職業上の関係について、次のように自問します。
「彼らは、私と同じ資格を持つ他の人でなく、どうして私のところに来たのだろう？　なぜ、経験のある牧師やボーイスカウトの団長より私の方が役に立つと思ったのだろうか？」

心理療法家が持つ資源：バーンは、上の第3の質問については、部分的な解答しか示しませんでした。バーンは「訓練された心理療法家は、クライエントに、他の援助者たちでは与えることができないと思われる3つの資源を与えることができるだろう」と言いました[4]。
　その資源は、次の3つです。

・よく身についた観察力
・進んで、先入観なしに見てもらうこと
・最も効果的に心理療法の状況を構成する能力

これらの資源を治療用語で要約すると、<u>観察</u>、<u>平常心</u>、<u>イニシアティブ</u>の3つの特

性になります。

1．観察力：バーンは、「観察は、すべてのよき治療上の作業の基礎であり、テクニックに優先するものである」と述べました[4]。彼は心理療法家に、観察したり、聴いたりするテクニックについて多くの詳細な指示を与えました。私はここで、これらから適当に選択して示そうとは思いません。その詳細については、**『グループ療法の原則』**[4] と **『こんにちはの後に、あなたは何と言いますか』**[2] を参照してください。

2．進んで見てもらうこと：バーンは「心理療法家は『職業上のポーカーフェイス』を慎むべきである」と言っています[4]。心理療法家は、「自然に備わった威厳」を持って行動し、「適度に礼儀正しく、気を配り、仕事に興味を持った熱意ある人」と映るようにしなければなりません。

　バーンは心理療法家に、この特徴のロールプレイをしなさい、と言っているのではありません。この特徴を**本当に身につけ、自然に示す**ことを望んでいるのです。しかも、このような外見の背後に「ある程度の距離を維持すべき」としています。

　心理療法家は、いつもクライエントのお手本になっていることを自覚する必要があります。このため心理療法家の行動は、**身だしなみ、責任感、職業への献身**という原則に則って導かれなければなりません。

　クライエントに会うときの心理療法家の身だしなみは、清潔であり、きれいに髪と服装を整え、「上品であるが、態度や話し方にもったいぶったところがない」ようにすべきです。

　また心理療法家はいつでも、自分自身の責任を取ることを示すと同時に、「誰に対して、誰のために責任を持つのか」を知っていることを示して責任感の模範にならなければなりません。

　バーンはさらに、次のように記しました。すなわち、「心理療法家にとって最も大事なことは、おそらく職業への献身の模範を示すことだろう。心理療法家は『なすべき仕事を持ち、何ごとにも長く自分の仕事の邪魔をさせない人』であることを示さなければならない」というのです。

　ここでも、仕事に打ち込む献身的な職人としてのバーンの姿をみることができます。バーンは、「『気持ちよく接することができなかった』クライエントがいた、そのような心理療法があった」などと不平を言って、彼の眼には仕事から逃げるように見える治療者に対し、次のような苦言を呈しました。

　　　これに対する私の回答は、以下である。クライエントを気持ちよく感じることができ

ないのなら、なぜあなたは心理療法家以外の職業につかないのだろう？ あなたのやる仕事はここにはない。あなたは、自分が癒されるためにここにいるのではなく、患者を治すためにここにいるのだ[1]。

3．治療セッションを構成する能力：このテーマには、心理療法家による介入とその実際の活用の選択が含まれます。またセッションの構成を行なう心理療法家の仕事では、クライエントとの契約交渉が必要事項です。

心理療法家が主導権を発揮するその次の局面は、ルールを決めるときです。バーンは、「ルールはできるだけ少なくし、またできるだけ柔軟性を持たせるように」と言っています。多すぎたり柔軟性がなかったりするルールは、クライエントと心理療法家の間で演じられる心理ゲームに肥沃な土壌を提供するだけです[4]。

バーンは、ルールは次の問題についてだけ決めるべきである、と考えました。

1．治療セッションの開始と終了の時間
2．同意した料金の支払い方法
3．治療セッション中の暴力行為の禁止
4．「どのようなものでも例外なく話してよい」ということを、明確にクライエントに伝える

このリストには秘密保持のルールを含めていませんが、バーンが「クライエントには秘密が守られる権利がある」と認めていたことは、他の参考文献からも明らかです[4]。

オープンなコミュニケーション

バーンにとって治療関係の**必須条件**は、「治療のプロセスで何が起こっているか、心理療法家がクライエントにオープンに伝える」ことです。バーンの考えは、ここでも伝統的な「医学モデル」の考えから離れています。

少なくともバーン時代の伝統的な「医師—患者関係」において、医師は、治療についてめったに患者に説明しませんでした。患者がカルテを見ることも、ほとんどありませんでした。たとえ患者がケース・カンファレンスに招かれたとしても、スタッフがその患者のケースのディスカッションを始める前に、退席を求められました。このような習慣は、精神医療の分野だけではなく、一般の医療でも普通のことでした。

しかしバーンが病棟責任者に着任したときに、この事情は一変しました（バーンが、交流分析を開発していた期間に、病院で精神医療を継続していたことを思い出してください）。バーンはまず、「外来患者のグループの治療セッションの間マジックミラーで観察者が見ている」という習慣を廃止することから始めました[10]。

　次にバーンは、オープン・コミュニケーションの原則の理論上の帰結を実行に移しました。それは、「スタッフが、内緒で患者をのぞき見したりせず、背後で患者についてディスカッションしないことが望ましいのなら、観察と議論の全プロセスをオープンにすることがより道理にかなっている」というものです。

「スタッフ－患者・スタッフ」カンファレンス：これは、バーンが創った「スタッフ－患者・スタッフ」カンファレンスと呼んだやり方によって達成されました[10]。このミーティングには、患者とスタッフの両方が参加しました。

　ミーティングは２つの部分に分かれました。まず患者が、バーンや彼の同僚が指導する心理療法グループとして集まりました。このグループ・セッションの間、残りのスタッフはその外側で輪になって観察し、直接には参加しませんでした。治療の時間が終わると、短い休憩を取り、その後に２つの輪が入れ替わります。今度はスタッフが中の輪となり、心理療法グループについて観察したことを話し合い、治療計画についての自分たちの考えを伝え合う一方、患者たちは外側の輪からスタッフを観察するのです。

　バーンは、このミーティングのための最少の基本原則を作りました。

　まず、心理療法の場合でもスタッフ・カンファレンスの場合でも、外側の輪に座っている人は、内側の輪の進行を邪魔してはならない、というものです。

　また、治療グループを観察したスタッフは皆、カンファレンスに残らなければなりません。バーンは、スタッフ間で「事後ミーティングというミーティング」を開いてはならない、と決めました。スタッフは、患者の前で率直に、観察したことを伝えなければなりませんでした。また、専門的な用語を使うことも禁じられました。

　バーンは、このミーティングの理論的な根拠について、次のように述べました。

> 　「スタッフ－患者・スタッフ」カンファレンスは、まず「治療者」や「患者」にとって居心地よいように形作られた社会的な役割を批判するものである。そして合理的な例外を除いて、それを基本的に「相互的な契約」に取り換える。誰もが、その人の真価によって同じ権利を持つ「個人」として遇される。こうして、スタッフが患者から聞き出すのと同じように、患者にもスタッフから聞き出す権利がある……[11]

ここにおいても、バーンの個人の人間的尊厳への洞察をみることができます。

「治ること」の本質

本章の残りで、心理療法の実践についてのバーンの見解について述べていきたいと思います。

まず「結論から述べる」ことになりますが、バーンがたびたび強調した目標、すなわち患者が「治ること」に関して書いたものを見てみましょう。

バーンは、心理療法の文脈で**「治ること」**を、どのような意味で用いたのでしょうか？

バーンは理論ではとくに観察の重要性を強調しましたが、私たちは、患者が「治ったこと」をどのように見たり、聞いたり、観察したりできるのでしょうか？

バーンは、「治ること」は、「一度きりのことというより、ゆっくりとしたプロセスである」と言いました。クライエントは、一連の改善の階段を上ります。その段差は際だっていると認識されないかもしれませんが、本質としてはまったく異なったものです。

各段階は、それ以前のものと比べ、本当に進歩していることを示しています。もしクライエントがそれで満足というなら、治療者とクライエントは、途中のどの段階でも治療を終了することができます。しかし最終段階だけが、クライエントの最も根本的な変容を示します。

「治ること」の最終段階に対するバーンの概念は、生涯を通して何回も重要な修正が行なわれました。初期の著作、たとえば**『心理療法における交流分析』**[1)]では、まだ個人変容の最終的な方法として伝統的な精神分析が考えられていました。バーンは、「治ること」の最終段階は**「精神分析によって治ること」**である、と語っています。

バーンが**『こんにちはの後に、あなたは何と言いますか』**[2)]を書いたころには、バーンと同僚たちは、脚本分析を心理療法に適用することについて、10年の経験を積んでいました。バーンは、「治ること」の最も完全な段階——今や彼は**「脚本上で治ること」**と呼んでいます——を促進するために交流分析自身の技法が役立つ、という考えに到達していました。彼は、今や「人は、精神分析を求めなくても、この最終目標にたどり着くことができる」と信じるようになりました。

バーンは、それより数年前、『あなたが演じる心理ゲーム』[12]の中で**自律性**について述べました。これは、人が心理ゲームを演ずる代わりに移行することができる健康なポジションです。**自律性**は、「治ること」を違った形で表現するものでした。
　以下、バーンの「治る段階」について解説を行ないます。最後に、個人の変容の目標としてバーンが考えた自律性の概念について論じてみたいと思います。

「治る段階」

　バーンは、「治るプロセス」を次の４つの段階に分けて考えました[2]。

1. 社交上のコントロール
2. 症状の緩和
3. 転移によって治る
4. 脚本上で治る（当初「精神分析によって治る」と呼ばれていた）

　バーンは、上の１～３の各段階はそれぞれ、他の段階に移る中間地点として考えることもできるし、また目標そのものにすることもできることを強調しました。

社交上のコントロール：治る「第１段階」で本人は、自分の行動を「成人」の自我状態を用いてコントロールします。社交上の関わりを改め、自分に困難や痛みをもたらすものを避け、自分によい結果をもたらす行動で置き換えます（この新しい行動は、心理療法家が押しつけたものでなく、契約を作るプロセスでお互い同意したものです）。
　この段階では、本人は未解決の「子ども」の感情を変化させようとはしませんし、時代遅れの「親」の命令に対決しようともしません。これらの過去の影響を、単に「今、ここで」の行動のコントロールによって乗り越えるのです。
　私たちは、このような行動の変化やクライエントからの結果報告により、治る「第１段階」が達成されたことを観察することができます。

症状の緩和：この「第２段階」では、本人はまだ、プロセスを管理する自我状態として「成人」を維持しています。しかし今や、「子ども」や「親」の自我状態の、問題がある内容のいくつかに対し直接アプローチします。
　たとえば、いつも「成人」の自我状態で監視しながら、幼児期のトラウマ体験以来持ち続けた未解決の感情をオープンにし、表現するでしょう。また心理療法家と相談しながら、この「子ども」の感情に伴った時代遅れの信念を再吟味し、成長した今の

状況によりふさわしいものに入れ替えようと決断するでしょう。
　これらの感情や信念の変化は、治る「第1段階」における行動変容を強化することに役立ち、反対に「第1段階」での行動変容が「第2段階」の感情や信念の変化を強化します。
　このプロセスではしばしば、不安や筋肉の緊張などの精神や身体の症状がある程度緩和されるでしょう。このような報告は「第2段階」の客観的指標の1つになります。観察者は、本人の姿勢や筋肉の緊張の変化に気づくかもしれません。また、心理ゲームを演じる回数や強さが減少することが、治る「第2段階」にあることを知るもう1つの手がかりになります。

転移によって治る：この「第3段階」でクライエントは、心理療法家を実の親に置き換えます。心理療法家を「自分の脚本の中の役割を演じる人」とみなすのです。しかしクライエントは、心理療法家を実の親がそうだった（あるいは、そうである）よりもはるかに良い人として体験します。クライエントは、このようなより親切な「親」に接し、「子ども」の恐れや心配が薄らぎ、安心するかもしれません。また、もとの破壊的な「親」のメッセージを治療者からもらったポジティブなメッセージに入れ替え、その影響から自由になるかもしれません。
　しかしこの段階は治る最終目標を示すものではなく、クライエントが変化を維持するためにはまだ「心理療法家を頭の中に引き留めて」おかなければなりません。
　治る「第3段階」を判断する手がかりは、クライエントが、自分が演じる心理ゲームの主な焦点を心理療法家に移してくることです。そのため、診療室の外で心理ゲームを演じることは相対的に減少するでしょう。

脚本上で治る：バーンは、「脚本上で治る」ことについて次のように述べています。

> ある時点で（クライエントは）、治療者と自分の「成人」の助けを借りて脚本を完全に打ち破ることができ、新しいキャラクター、新しい役割、新しいプロットと結末を持った自分のショーで巡業に出かけることができる。このような、自分のキャラクターと運命を変えて「脚本上で治ること」は、症状の多くが自分の再決断で癒されるので、「治療上治ること」でもある[2]。

　バーンは、このような変化は「しばしば全く突然に達成され、日常語的に言えば『パッと正気になる』出来事として現れる」と言いました。
　一たん本人が脚本から抜け出す決断を示す動きをすると、自分を「患者」と思わな

くなります。健康人になり、いくらか不具合が残っているにしても、冷静に対処することができるのです。今や本人は、自分自身の「成人」を用いて自分の「子ども」に必要な支援とポジティブな指導を行なうことができるので、もはや頭の中でも実際にも「心理療法家に寄り添ってもらう」必要を感じなくなります。

今日の交流分析家の多くは、バーンが描いたような、全脚本から一挙に「パッと抜け出す」事態は稀なことである、と考えるでしょう。「時代遅れの幼児期のパターンを、ゆっくりと年齢にふさわしい新しい決断で置き換えながら、脚本を少しずつ変えていく」というやり方がより一般的です。

確かに、本人が脚本の重要な要素をすばやく、ドラマチックに変えてしまうこともありますが——それは、大きな**再決断**によるものでしょう。そのときでも、変化を定着させるためには、一定期間新しい決断を行動に移す実践を行なう必要があります[12]。

バーンは、上の引用文で「再決断」という言葉を使っていますが、「再決断療法」の創始者であるロバート＆メアリー・グールディングの研究を引用していません。

グールディング夫妻は、1960年代初期からこのアプローチを開発してきました[13]。夫妻の治療法の行動論的、ゲシュタルト療法的な心理療法のスタイルがバーンの「脚本上で治る」という見解に影響を与えた、と考えることは妥当でしょう。後の章で、「治す」ことに関するグールディング夫妻の考え、それを促進する治療者の役割についての夫妻の考えについて検討することにしましょう。そこでわかるように、グールディング夫妻はバーンの主張の中心的な特徴と幾つか異なった意見を持っています。

「治る段階」の順序：バーンの「治る段階」の順序は、「まずよくなりなさい、分析は後でやりましょう」という彼のモットーに従っていることに気づかれたでしょう。バーンは、「クライエントは、できるだけ早く社交上のコントロールを達成することにより、心理療法から最も早く実際の利益を得るようだ」と指摘しました。

たとえば、自殺せずに生きるようになる、解雇されずに仕事を続けることができる、関係を破壊せずに修復することができる、などです。そしてこの最初の利益がきちんと得られると、クライエントが望むならですが、残る「治る段階」に取り組み続ける、より強いポジションに立つことができます。

自律性

ここから自律性について述べていきたいと思います。脚本理論の記述を思い出していただきたいのですが、バーンには「自律への熱望」という考えがありました。これ

は、「自己実現に向かい、脚本の制約から離れようとするその人の上昇衝動」を表すものです。

ここで、**自律性の達成**が「脚本上で治ること」と密接に関係していることは明らかですし、両者は同一のものかもしれません。しかしバーンは、この関連を決して明確に描かず、自律性の定義を作ることもしませんでした。もっともバーンは、**自律性は「3つの特質、すなわち『気づき、自発性、親密さ』の解放ないし回復……によって明らかになる」**と示唆しました[12]。

気づき：バーンによれば、気づきは「教えられたようにではなく、自分のやり方で、コーヒーポットがあるのを見たり小鳥が鳴いているのを聞いたりする力」です。これは、「直接の知覚によるもので、解釈によって曇らされていない」という、幼児が世界を体験する方法です。**気づきは、「過去、あるいは未来にではなく、他の場所でもなくて、『今、ここで』生きることを要求する」**のです。

気づきを得ている人は、自分がどのように感じているのか、どこにいるのか、今はどのような時間なのかを知っているので、**生き生きしている**。自分が死んだ後でも木々は変わらずそこにあるが自分は二度とそれを見られない、ということを知っているので、彼は今、できるだけ木々を熱心に見ようとするのだ[11]。

バーンは上記の引用文の中では記していませんが、「今、ここで生きる」ことを強調したのは、フリッツ・パールズや他のゲシュタルト療法のパイオニアたちの業績をバーンが自覚していたことを示すと思います。

自発性：これは、「**『自我状態を自由に移行させる』という選択権を完全に行使する力**」です。人はこの力によって、「親」の感情、「成人」の感情、「子ども」の感情のどれかから自分の感情を選び、それを表現する自由を得ています[11]。それは、「心理ゲームを演じたい衝動や、持ってよいと教えられた感情だけを持とうとする衝動からの解放」を伴ったものです。

バーンは、『**あなたが演じる心理ゲーム**』[12]において、上記の私の要約とほとんど変わらない長さのフレーズで自発性を説明しました。さらにこの簡単な文章には、バーンの変化に関する見解について、広く伝わっている誤解の一掃に役立つ重要な洞察も含まれています。すなわち彼は、「親」や「子ども」の感情とともに「成人」の感情について語っているのです。これは、**感情を持たない「コンピューター」として広く受け入れられている「成人」のイメージがウソである証拠**です（バーンは、「成人」

の感情の一例として、混雑した道路の中をうまく運転する「生まれつきの運転手」が感じる満足感をあげています）。

バーンは「変化の目標は、『成人』を優先的に発揮することだ」と書きましたが、「交流分析が理想とするのは『頭だけで生きる』人、あるいはロボットのように計算で人生のすべての状況を処理する人である」という意味でなく、実際にはまったく逆でした。

自発性が高い人は、思考や行動の全領域と同じように、感情の全領域にアプローチすることができるのです。すなわち、環境から入ってくる情報を「処理する」ために、まず「成人」を用います。そして、どの自我状態から反応するかについて、自分の選択権を行使します。その結果「成人」に留まることを選ぶかもしれませんが、その場合、**現在の自分の年齢にふさわしく考え、行動し、そして感じます。**

あるいは「成人」の代わりに「子ども」で反応することを選ぶかもしれません。もしそうなら、自分の幼児期のある段階で初めて使った能力、感情、反応にアクセスするでしょう。「子ども」の顕著な能力の一つは直観の力です。バーンには、直観力が早期の、すなわち「子ども」の自我状態の働きであることは明らかでした。私たちは、**直観を用いることで、「成人」のデータ処理だけでは到達できない「今、ここで」の現実を理解することができます**[12)]。

もう１つの自我状態の選択は、「親」から反応することです。この場合、親のような人から借りてきた思考、行動、感情を用いて現実の状況に当たることを選んでいます。本人は、このような反応を外の人に向かって示しますが（行動する「親」）、これは親の姿が必要な場合には「今、ここで」の状況にふさわしいものでしょう。あるいは、「親」の命令を内面で再現するかもしれません（影響を与える「親」）。「規則に従う」ことが本人に望ましい結果をもたらすような多くの状況では、これはおそらく適切なのでしょう。**「親」を用いることで個人は、いろいろな社会的な状況で、いちいち文化の規範を再吟味する必要がなくなります。**

バーンは、自発的な人を「**心理ゲームを演じるどのような強迫感からも解放されている人**」と定義しました。さらにその本人は、今や自分を心理ゲームから解放し、**ラケット感情（「持つように教えられた感情」）の代わりに本物の感情を体験**するようになります。「治る段階」についての記述から、このような変化はともに脚本から抜け出す動きを示していることがわかるでしょう。

バーンは、自発性を自律性の構成要素の１つとすることによって、自律性と「脚本上で治ること」との理論的な結びつきを明らかにしました。その鍵は、両者とも選択権をより広く用いることです。

親密さ：バーンの「親密さ」という用語の意味は、日常の使用法とほとんど重なった所はありません。彼は親密さを、「隠された操作がない、心理ゲームから自由な愛情表現の交換」と定義しています[4]。ここでも、自発性の変化を計る物差しは、本人が「心理ゲームを演じなければならない」という思いからどれだけ自由であるか、また心理ゲームの進行の一部の、裏の「ワナと弱み」全体からどれだけ自由であるか、なのです。もっとも、「自発性」は精神内界という観点から定義されますが、「親密さ」は対人交流において心理ゲームがないことの表われです。

要約：自律性の本質は「脚本上で治ること」と同じように、今、ここにおける選択の自由です。バーンの言葉では、「『成人』が得るものは、排他的な支配ではなく、選択肢の増大である」（強調は原文）です[12]。

このように理解すると、変化に関するバーンの見方は、一般に考えられているより、他の人間性心理療法——たとえば人間中心アプローチあるいはエリクソン派のアプローチ——に極めて近いものです。

契約方式

脚本というバーンの概念が交流分析理論の中核をなすように、交流分析の現在の実践においては契約方式の原則が際立った特徴になっています。バーンは、契約を「よく定められた行動のコースに対する、しっかりした相互の約束」と定義しました[4]。バーンにとって効果を上げる心理療法家は、「他のすべての関係者と相談の上できちんと作られた契約条件内で治療を行なわなければならない」のです。

他の心理療法モデルの中には、「契約」という言葉を心理療法の期間についての同意の意味で使っているものがあります。しかしバーンは、この言葉をもっと広い意味で用いています。バーンにとって「契約」は「心理療法の目標と方法についての相互同意」のことで、時間の要素は契約の一側面に過ぎませんでした。

バーンの契約方式の考えに影響を与えたもの

契約方式に対するバーンの熱意と信念は、交流分析を開発し始めたころに、すでに

確立していました。初期の同僚の一人（コンカノン）は、1947年にバーンを訪問したときのことを、次のように報告しています。

　バーンはすでによく成功する心理療法家の名声を得ていましたが、コンカノンは、どのようにそれが達成されたかを知りたがりました。この問いに対しバーンは、「2つの治療原則を実践した」と答えました。1つは「患者をサポートするだけでなく、治すことを目的とする」こと、もう1つは「治療者は患者と契約を結ばなければならない」ことでした[13]。

　もしバーンが他の心理療法家の研究から「契約を結ぶ」というアイディアを得ていたとしても、それを自分の著作に引用していません。もちろん「行動の変化の契約」は、行動主義の心理療法家たちにより実践でよく用いられていました。これらはバーンの交流分析の研究とほぼ同時期に開発されていたので、バーンの考えにいくらか影響を及ぼしたかもしれません。

契約を結ぶ分野

　バーンは、「契約を結ぶ当事者は誰か」によって、契約を結ぶ主な分野を2つに区別しました[4]。その1つは**治療者と患者との契約**で、もう1つは**組織上の契約**です。組織上の契約は、心理療法家と、資金を提供したり後援をしたりしている組織ないし心理療法の実施を管理している組織との契約です。心理療法家が「純粋に」個人で開業している場合には、組織的な契約は倫理綱領や職業上の行動指針に限定されたものになります。

　バーンは続いて、この主な2つの分野には3つのタイプの契約があり、それらは心理療法家の仕事の異なる3つの側面に関係する、と言っています。それは、以下の3つです。

・管理上の契約
・職業上の契約
・心理上の契約

　現在の交流分析用語では、バーンの「管理上の契約」はよくビジネス契約と呼ばれています。「職業上の契約」は、今日では「治療上の契約」と呼ばれることが多いでしょう。
　より明確にするために、心理療法家とクライエントの間で結ばれる契約の3つのタ

イプについて、まず説明しましょう。次に、心理療法家と組織との間で結ぶ契約で、とくに必要とされる条件についてバーンが書いたものを概説しましょう。

心理療法家とクライエントが契約を結ぶ

管理上の（あるいはビジネス）契約：これは「心理療法の状況から求められる実際的な要求」についての、治療者とクライエントとの明白かつ明示的な合意です。そこでは、支払い額、支払い方法、および治療セッションの頻度、心理療法家が決める基本原則の遵守などが決められるでしょう。

職業上の（あるいは治療上の）契約：「職業上の契約」は、心理療法の目標についての合意です。バーンは、この契約は望ましい結果「に向けて実行するという形で明瞭に表現」されたものでなければならない、と言いました[4]。「……に向けて実行する」というのは、「合意された契約目標が見てすぐわかるように表現されなければならない」という意味です。

　契約目標としては、いろいろな分野の多くの変化があるでしょう。たとえば、高血圧のような身体症状や恐怖症などの心理的症状の緩和に関するものがあります。あるいは、飲酒を一定の量に下げる行動の変化などを目標に定めることができるでしょう。さらに別のクライエントは、特定の仕事につく、試験に合格するなど、実際の目標を達成するために契約を結びたいと思うかもしれません。契約目標の最初の提案を出すのは、心理療法家でもクライエントでもかまいません。

　バーンは、「心理療法家が治療目標を明確に記述するためには、あいまいな、きれいごとの用語をカットしなければならない」と言いました。たとえば、クライエントが「関係を改善したい」と言って心理療法を求めてきた場合、治療者は「『関係』というのはどういう意味ですか？」と尋ねます[4]。治療者は、自分とクライエントが「結果について明瞭で実行可能な表現」に到達するまで、この探索を続けるでしょう。

　心理療法家のもう一つの仕事は、本人の真の動機を評価することです。たとえば、飲酒問題を持つ人が「酒をやめたい」と言ったとき、心理療法家の第1の質問は「どうしてやめたいのですか？」でしょう。その目的は、本人が「他人からの圧力に応えて禁酒することよりも、どれほど自分のために禁酒したいと望んでいるのか」を知ることにあるのです。

心理上の契約：契約を結ぶことに関係する当事者は、少なくともその一部において、本人自身のニーズに関連した「隠された課題」を持って動いているようです。この秘密の動機に本人はまったく気づいていないかもしれませんが、それを探し出すことは

心理療法家の職業上の務めです[4]）。

バーンは、いつものように生き生きした言葉を駆使して、隠された課題を持つケースについて述べています。

> ……患者は、「『患者を治すこと』についての決定権は治療者が持っていて、それは多分治療者の机の中にしまいこまれている」と考えて治療者のもとにやって来る。治療者が最初の面接でその権利を患者にすぐに渡さないのは、単に治療者が厳しく、ケチで、無礼であり、あるいは利己的であるからである。しかし患者は、「自分が長い間とても行儀よくしていれば、子どものころサンタがプレゼントをくれたように、治療者が決定権をくれるだろう」と信じて疑わない[4]）。

「心理上の契約」という言葉は、「裏があるやり取り」というバーン理論を思い起こさせます。そこでは、メッセージは心理レベルと同じように、社交レベルで交換されています。バーンの「コミュニケーションの第三原則」では、このような二重のメッセージの行動の結末はいつも心理レベルで決められます。バーンは、契約を結ぶときも同じだ、と言いました。もし心理上の契約の秘密の目標が明瞭な管理上ないし職業上の契約と異なっているとすれば、その結果、契約の当事者はいつも心理ゲームに入るようになってしまうでしょう。

機関での実践における治療契約

バーンは、「機関で活動する心理療法家は、初めにスポンサー組織と**『管理上の契約』**について交渉しなければならない」と言いました。これには、組織の全体目標や治療者を雇う心理療法プロジェクトの目的という事項が含まれます。

バーンは、次のように勧告しました[4]）。

もし組織目標が文書になっている場合には、契約を結ぶプロセスの一部として「関係者全員の前で声に出してその目標が読まれるべき」です。もしそのような指示が文書になっていない場合には、プロジェクトの責任者に「プロジェクトの目的が明確に書かれた正式な文章を作るよう説得すべき」です[4]）。また、財務、人事、施設、設備などについても、明らかな合意を得ておく必要があるでしょう。

心理療法家が組織の中でクライエントをみる場合、**クライエント**との**「管理上の契約」**には、心理療法家、組織、クライエントの三者間の関係を明記すべきです。心理療法家は、「クライエントが3当事者全部の期待をどのように受け取っているか」を

調べる必要があり、初めに違いがある場合には、お互いの同意が得られるように交渉すべきです。たとえばクライエントは、「感化院の治療セッションで、何か特別の『パフォーマンスをする』と早く出所の許可が得られるのではないか」という想定を、口に出さずに抱いているかもしれません[4)]。

心理療法家と組織との**「職業上の契約」**の場合、治療の目標が専門用語で述べられることがよくあります。たとえば「社交上のコントロール」や「症状の緩和」などです。バーンは、職業上の契約を結ぶ前に、適切な言葉で質問して「その職場での具体的な意味」を見出すように勧めました。

心理療法家は、以上のようなやり方のすべてを用い、自分と組織との間の**「心理上の契約」の根底にあるかもしれない「隠されたテーマ」**をよく検討します。バーンは、「(自分と組織との間の)『隠されたテーマ』が自分にとってどのようなものであるか、をよく考えておくことが、治療者には極めて重要である」と言いました[4)]。しかし、組織によっては、これについてあからさまに自分の意見を述べるのは控えた方がよい、とも付言しています。

契約を結ぶことの調和

これまでの要約：バーンの説明によると、効果的な契約を結ぶための鍵は調和です。理想的には、管理上、職業上、心理上の契約が相互に調和していなければなりません。心理療法家が考えるこれら３つの契約の明確な表現は、クライエントの要求と一致する必要があり、もし組織が関係しているなら、その要求とも一致している必要があるのです。

最も大事なことは、調和のすべての面が「心理レベル」だけでなく「社交レベル」でも実現されなければならない、ということです。契約関係の初めでは、ほとんどこの理想的な状態にはありません。そこで心理療法家は、その実現に向かって努力しなければならないのです。心理療法家は、組織によっては、「調和が実現できない」ことを公式に通知し、自分自身やクライエントを保護するために他の手段を取らなければならないかもしれません。

バーンは、組織との契約における「社交レベル」と「心理レベル」との不調和の例をあげています。

> あるたいへん有能な治療者は、同僚たちよりずっと早く患者を退院させた。管理上、職業上の契約では効果的に治療を進めることが奨励されていたが、実際にはどんな面で

も褒められず、かえって「問題の人物」とみなされたことを知って、がっかりした。彼は、明示された目標と異なった、おそらくは目標に反するような暗黙の「紳士協定」を破った人物のように扱われたのだろう。抜け目のない治療者は、「私の課題は、解雇されずにいかに効果的にふるまえるか、ということだ」と言う[4]。

不調和が起こりそうな他の例に、クライエントが理解した組織との「管理上の契約」とクライエントと心理療法家とが同意した「職業上の契約」とが対立する場合があるでしょう。たとえば、クライエントが公的な機関から物理的な援助を受けている場合、クライエントの治療が終了すると、援助は打ち切られてしまいます。また、陸軍病院に入院中の患者がもし「治った」と宣告されたら、現役の軍務に復帰させられる、という場合などが考えられます。

バーンにとって、「心理療法家が、心理療法を始める**前に**、契約を結ぶ上でのすべての面について明らかにしておく」ことは、極めて大事なものでした。バーンは次のように言っています。

> 治療者は、事前にこのような２つの契約（組織および患者との）の管理上、職業上、心理上の３つの面をよく考えておかなければ、後になって多くの時間とエネルギーを浪費したことに驚くだろう。とりわけ、最初の段階で、悪気はないものの具体的でない保証を、素朴に、無批判に受け入れる余地はない。治療者は、自分の治療上の知識を駆使し、自分を含めた関係者全員の真の目標が何であるか評価できるまで、疑い深い、覚めた目で見なければならない。患者の可能性を十分に知った後になってはじめて、「彼はいい人だ」と言われる喜びを持つことが許されるのである[4]。

心理療法家は、組織との契約のいろいろな障害をいったん乗り越えた（ないし、少なくとも避けた）後に、自分とクライエントとの職業上の契約に主な関心を向けることができるでしょう。次に、この契約について集中して解説しようと思います。

契約を結ぶ目的

契約方式の利点については前にもすでに示しました。要約すると、主に２つの利点をあげることができます。

その第１は、契約の合意が治療関係の相互性を確認する方法であることです。バーンにとって次の文は、個人への人間的な敬意を表した一例です。

役割区別のために一般に認められる差異を除き、患者は人としての完全な資格を持つ存在としてみなされるべきである。治療者が患者を調べることを仕事にしているように、患者もまた治療者を調べる権利を持つ[4]。

これは、さらに実際上の利益ももたらします。最初の「調べる」プロセスの後で、もしクライエント、心理療法家のどちらかが「これ以上面接を続けない」と決めたなら、お互い友好裡に、公正な理由で別れることができます。バーンは、「これは、クライエントの問題に対して目的のない議論を行ない、数カ月、数年を空費するよりはずっとましである」と言いました。

実際に運用できる契約を結ぶ主な第2の利点ですが、バーンは「同意した目標をどれだけ達成したか、両当事者によくわかることである」と言いました[4]。目標がいつ達成できたかについて、漠然とではなく、はっきりと知ることができるのです。それは、治療を終わらせるか、次の契約の交渉に移るかのどちらを選ぶのか、という判断の基礎になるものです。

契約方式について解明すべき点

ここでは、交流分析の内外で無視されたり、誤解されたりしているバーンの契約方式の重要な特徴について解説してみたいと思います。いろいろな誤解の結果、バーンのアプローチは、実際よりも柔軟性がなく、行動主義的であるという印象を与えてしまいました。

以下のリストでは、バーンが初めに考えた契約方式の特徴について説明しましょう。

1. 契約は、行動の用語で表現されるが、一般に行動の変化自体が心理療法の中心目標ではない。
2. 契約が一度同意されても、石に刻まれたようなものではなく、いつでも再交渉が可能である。
3. 心理療法家とクライエントは、必ずしも治療関係の当初に職業上の契約を結ぶ必要はない。

契約は単に行動上のものではない：この点については、バーン自身の言葉で明確に説明されています。

治療者と患者は改善のために実行できる基準を決めるが、その事実は、「最終目標が単に症状が緩和されたり、社交上の対応がコントロールできたりすることである」ことを意味しない。このような変化は、よくなったことを示す信頼できるサインや、治療効果を測る計測器と考えられているだけである。治療者はいつも、症状や反応の背景にある決定要因をモニターしているだろう[4]。

　この点は、前に説明した「治る4つの段階」と関係しています。さほど本質的ではない「第1段階」——社交上のコントロール——でのみ、行動の変化自体が心理療法の目標となり得るのです。
　その後の3つの段階のいずれにおいても、契約の結果は同じような行動の用語によって表現できるでしょう。しかし、心理療法は脚本の変化を中心にして行なわれます。変化した行動は、単にその指標に過ぎません。この点について私は、新しい行動は脚本変更の「マーカー」の役割を果たす、と説明しました[16]。

契約は再交渉できる：多くの場合、治療契約はときどき改訂されるべきものです[4]。改訂したバージョンはそれぞれ、元の契約と同じ手続き、すなわちクライエントと心理療法家との双方の合意によるものです。いずれの当事者も、契約変更を提案することができます。
　なぜ契約は心理療法の進展とともに変更されなければならないのか、その理由はさまざまです。バーンは、「治る段階」に関する例をあげました。

　　……もし治療者が、まず症状の緩和を考え、その後に親のような人へのごく早期の態度の調査を考えているなら、適切な時期が来るまで計画の第2の部分を伏せておき、それを契約の改定として提案することもできる[4]

　この他に、クライエントが前の契約目標を達成した場合も、契約を再交渉する明らかな理由になるでしょう。また、クライエントか心理療法家のどちらかが「現在の契約は不適切だ、あるいは実際的でない」という考えに行き着くかもしれません。心理療法のプロセスでは、自分自身の変化に伴い、クライエントが「心理療法から得たいと考えるもの」が変わることもしばしばです。
　他の流派の専門家もときどき、「行動上の契約」が交流分析療法の中で中心的役割を果たしていることに不満に思っています。これは、たとえば人間中心のカウンセラーやゲシュタルト療法家のような、クライエント自身の自己啓発の意欲を強調するアプローチの心理療法家にとくにみられます。確かに、彼らは「観察できる契約を厳密

に定めることは、個人解放のプロセスを束縛するに違いない」と示唆しています。

　実際に、契約を結ぶことがこのネガティブな事態をもたらす可能性はあるでしょう。しかしそれは、柔軟性がなく、鈍感なやり方で実行した場合にのみ起こることであって、バーンが意図したことではありません。前に説明したように、バーンは**ファイシス**の力、すなわち彼がパーソナリティ変容の背後にある動機づけのパワーと考えた「生命の推進力」をよく認識していました。

　バーンの心理療法のモデルでは、契約がクライエントの自律的な成長を制限することはありません。反対に、クライエントと心理療法家との継続的な開かれた交渉プロセスを通じ、その成長に伴って契約は動き、変化するのです。

治療はいつも治療上の契約と共に始まるとは限らない：交流分析家はいつも、心理療法の最初に「**管理上の契約**」を明確にするでしょう。すなわち、支払い方法、回数、その他の実務上の詳細について、クライエントと合意します。しかし「**治療上の契約**」については、このような早い段階で交渉が行なわれるとは限りません。

　バーンは、最初の「治療上の契約」がなされずに心理療法後期まで延ばされる状況をいくつか示しました。とくに、ひどい精神障害のクライエント[17]や「妄想で対処する戦術」を用いる人たち[4]とのワークでは、早期に「治療上の契約」を結ぶ動きをしてはいけませんでした。治療者は、このような場合でも治療計画を作るべきですが、**治療関係が十分に確立されるまで契約としての治療計画をクライエントに示す必要はなかった**のでした。

　心理療法家は、診断がどうであっても、クライエントに対しただ「**そこにいる**」ことから始めたいと思うでしょう。

> 「そこにいる」というのは、患者が行く場所があり話す人がいる……という意味である……。人生の早期に役立つ親がいなかった患者では……どんな治療法でも、その効果をあげるためには、誰かそこにいる人によってあらかじめその空白を満たしておかなければならない[2]。（強調は筆者）

　ここで心理療法家は、バーンが好んで描いた「頭の整備士」や「技術者」としてよりも、より人間的な人物です。「そこにいる」ことについてのコメントは、ほとんど思いつきのようですが、バーンが「心理療法家が持つ基本的な役割」に気づいていたことを明らかにしています。それが彼を、古典的な行動主義者より（精神分析家の）ウィニコットに、より近づけているのです。

治療の順序

　バーンは、「心理療法家は、治療を計画し実施するときには、進行段階の順序に従わければならない」と言いました。段階が欠けたり、段階の順序が間違って取り扱われたりすると、心理療法の効果は減少するでしょう。
　この「**治療の順序**」の概念は、もちろん、交流分析やバーンの著述に独特のものではありません。しかし今日の交流分析家は、バーンの例にならい、たいへん構造化され適切に計画された「治療の順序」を好んで用いています[13) 16) 18) 19)]。
　さて、「治療の順序」に関するバーンの考えは、著作上数回変わりました。ここでは、彼の最後の本に提示したバージョンを中心に解説していきましょう[2)]。
　バーンは、この頃までに「『治るプロセス』にとって精神分析が必要な最終ステップである」という初期の考えから離れていました。その代わり、「**脚本上で治ること**」を心理療法の最終目標とみなすようになりました。それに伴って「治療の順序」も、「今や、**治療関係のすぐ初めから脚本問題の分析と解決を治療の焦点とする**」と考えるようになったのです。

「治療の順序」へのバーンの初期の説明

　「治療の順序」の最終バージョンを説明する前に、これと異なっていたバーンの初期の説明のアウトラインについて、まずみてみましょう。
　バーンは、交流分析を用いたグループ療法の原則を述べたジャーナルにおいて、「治療の順序」を初めて定式化しました[20)]。『**グループ療法の原則**』を執筆していた1960年代中頃まではこの「順序」が使われていたのです[4)]。

　初期のバージョンの「順序」は、次の通りでした。

1. **構造の分析**：心理療法の間にその人が示す自我状態の典型的な移動を、追いかけて理解する。
2. **やり取りの分析**：自我状態の用語を用いて、その人と他の人とのコミュニケーションのパターンを検討する。
3. **心理ゲームの分析**：その人が典型的に演じる心理ゲームを明らかにする。
4. **脚本の分析**：より広い「前意識の人生計画」を発見する。その人の心理ゲーム

はその一表現である。

　これは、バーンが自身の理論の論理構成に用いたものと同じ進め方であることがわかります。根拠は理論も実践も同じものであり、リストの各要素は次のステップの要素の足場となっています。
　たとえば、クライエントと心理療法家がクライエントのやり取りを分析する（ステップ2）前にまず自我状態の移動について判断する手がかり図を作る（ステップ1）必要があります。契約の変更は、この4段階のどこにおいても可能です。
　バーンは、「治療の順序」のこの初期バージョンが後の改訂バージョンの解説とどのように関係しているかについて、詳しく説明しませんでした。
　私の印象では、改訂バージョンでも初期のものを破棄するつもりはありませんでした。その代わり、初期のリストの4段階のすべてが、改訂された「治療の順序」の各段階に吸収されたと考えています。すなわち、初期の構造の分析、やり取りの分析、心理ゲームの分析などの実施はすべて、改訂された「治療の順序」において治療者が段階を進むためのツールになったのです。

「治療の順序」へのバーンの最終的な説明

　バーンが『こんにちはの後で、あなたは何と言いますか』で述べている「治療の順序」の最終版は、次の4つの段階からできています。

1. 準備の段階
　（a）最初の面接で、クライエントも心理療法家も、お互いに相手をよく調べます。心理療法家は、治療に来たクライエントの動機と理由について考えます。そして、クライエントの脚本の問題について、最初の直観的評価を行ないます。
　（b）もし両当事者が一緒にワークすることに同意するなら、「ビジネス契約」の締結に進みます。心理療法家は、内科および精神科の病歴を聴取します。次の数セッションは、クライエントの脚本を知ることに努めます。そして、心理療法上で起こりそうな有害行為について、クライエントに予告します。

2. 脚本の分析：心理療法家とクライエントは、クライエントの脚本を理解し、クライエントがそこから脱け出すにはどうしたらよいかを継続して考えます。このプロセスの一部として心理療法家は、クライエントの脚本の中でどのような役割が自分に期待されているか（転移）、また自分自身の脚本の中でクライ

エントにどんな役割を演じてもらいたいか（逆転移）について考えます。
 3．**脚本への対抗**：心理療法家は、契約に基づいてワークを続けながら、これまでの脚本パターンを止めるような具体的な変化をクライエントに提供します。そうしようと思うときには、クライエントはこれらの変化を試します。
  心理療法家がこの段階や次の段階で有用な存在であるためには、次の特質を見せなければなりません。それは、能力、許可、保護の3つです。
 4．**再決断**：クライエントは、幼児期に行なった脚本決断の代わりに新しい決断を行ないます。信念や思考に生じた変化は、感情や行動の変化を伴うものです。これが「脚本上で治る」ことなのです。

以上の段階について詳しく述べる前に、最近の交流分析家の中にバーンの説明の一部にはっきり「同意できない」と言う人たちがいることを指摘しておきたいと思います。とくに「再決断派」の人たちは、治療者を「許可を与える人」とみるバーンの考えを退けています。

この点については後に論じますが、それにもかかわらず、すべての交流分析家はバーンの主要な提案に同意しています。すなわち、心理療法の本質はクライエントが脚本から抜け出すのを促すことであり、これはシステマティックな「治療の順序」に従うことで最も効果をあげることができる、という点です。

「治療の順序」と「4つの治る段階」

バーンは、「4つの治る段階」と「治療の4段階」との関連について、一対一に対比させて詳しく説明することはありませんでした。はっきりとした1つの例外は、「治る第4段階」の「再決断」が「治療の第4段階」の「脚本上で治る」に対応しているという点です。

しかしその背景から考えて、他にもいくつかの関連があると思います。

心理療法家は、「治るのが先、分析は後で」のモットーを守り、最も早い時期の実践で「脚本に対抗する」ように動くことが期待されています。しかし、「クライエントの脚本について十分に実際の知識を得た」と確信するまで、心理療法家はこの動きを行なうべきではありません[2]。こう考えれば、「治る段階」の最初の2つ、すなわち「社交上のコントロール」と「症状の緩和」は、「治療の順序」の「脚本の分析」と「脚本への対抗」の段階におおよそ一致しているでしょう。

この枠組での「転移上で治ること」は、「心理療法家はまだクライエントの脚本

上の役割を演じているが、クライエントは『脚本の分析』や『脚本への対抗』の段階に移り、心理療法のもとを離れる」という状況に当たるでしょう。しかし、心理療法家の役割は、今や「破壊的な親」ではなく、「やさしい親」になっています。

　バーンが『**こんにちはの後で、あなたは何と言いますか**』を書きあげたときは、すでに「転移上で治ること」を望ましい治療のゴールの地位から降格させていたようです。バーンは、この本[2)]の脚注で、「転移上で治ること」は「精神分析的に治ることにとって邪魔者になる」と言っています。

　次に、「治療の４つの段階」について、詳しく説明しましょう。

第１期：準備の段階

クライエントによる治療者の選択：バーンは、「治療者は、クライエントが自分の治療成績を見て自分を選ぶ、という考え方をまず放棄すべきである」と言っています。その反対に、もし自由に選ぶことができるなら、**患者は、自分の脚本のニーズに基づいて治療者を選ぶ**[2)]のです。

　たとえば、「反抗者であることを要請する脚本」を持った人は反抗する心理療法家を選ぶでしょうし、「失敗者の脚本」を持った人は効果をあげそうもない心理療法家を選ぶでしょう。第三者からクライエントが紹介される場合、心理療法家の選択は、紹介者の脚本のニーズを反映したものかもしれません。

　そのため、他者による紹介か自己の選択か、という状況が「クライエントが治療にもたらす脚本問題」に対する心理療法家の最初の手がかりを与えます。最初の面接で心理療法家は、クライエントの話を促すだけにすべきです。これで心理療法家は、クライエントが示す問題を大まかに理解すると同時に、**クライエントが持つ脚本についての最初のイメージを作っていきます**。

病歴：心理療法家とクライエントが共に契約したワークに入ることに同意すれば、心理療法家は内科および精神科の病歴を取り始めます。バーンは、「このような初期の段階において、クライエントに夢について話してもらうのは有益である。それは、人生早期の脚本問題についていっそうの洞察に導いてくれるからだ」と言っています。

　また治療者は、クライエントが他の心理療法家の治療を受けたことがあるなら、それについても詳しく知る必要があります。なぜその心理療法家のところへ行ったのか、どのようにしてその心理療法家を選んだのか、どのようにワークが行なわれたのか、そしてなぜそこに行くのを止めたのか、などです。これらによって現在の心理療

法家は、(治療上の関係で演じることが求められるかもしれない心理ゲームを含む)クライエントとの関係のパターンについてのいくつか有益な手がかりを得ることができるでしょう。

有害行為の予告：クライエントがときどき、以前の心理療法（あるいは他の関係）で繰り返し起こった失敗について報告することがあります。このような場合バーンは、「心理療法家が積極的に関与し、治療の初期の段階で失敗が事実となる前に、そのようなパターンと『対決』すべきである」と勧めています。

　たとえば、あるクライエントが「何の通知もせずに前の治療者のもとを去った（あるいは、前の仕事を突然止めた）」と報告するかもしれません。そのとき心理療法家は、今度の治療でも同じことが起こるかもしれないと考え、次のように予告して「対決」するでしょう。

> 私は「あなたは私と一緒にワークしようと思ってここに来たものの、しばらくしたら突然に立ち去る」と考えています。もしも私の考えに間違いがなく、あなたが本当にそうするなら、私たち二人とも、人生の半年から1年の歳月を浪費してしまいます。しかし今、あなたがワークを止めようと思い直すなら、私たちは共にその時間を節約し、代わりに何か有益なことができるでしょう。

心理ゲームの調剤：同時に、「心理療法家が心理療法の早い段階ですぐに最高の『対決』をすることは、必ずしも賢明ではない」とバーンは警告しました。

　バーンは、「神経症者は、よりよい神経症者になるために治療にやって来る」ということわざを引用しました。これを交流分析用語に翻訳すると、「患者は、どうしたら自分の心理ゲームをうまく演じられるかを学ぶために、心理療法にやって来る」となります。本人は、自分では気づかずに、自分の脚本にふさわしい役割を心理療法家に当てたがっているのです。

　それで、治療の初期の段階では、心理療法家は微妙なバランスを維持する必要があります。心理療法家がクライエントの心理ゲームにまったく参加しないなら、「子ども」のクライエントはその「対決」があまりにも脅威であると感じ、治療を止めてしまうかもしれません。反対に、あまりにも容易に心理ゲームを一緒に演じてしまうと、心理療法家がクライエントの心理ゲームを承認していると解釈するかもしれません（この場合もクライエントは、心理療法を止めるかもしれません。というのは、「子ども」のクライエントは、心理療法家が「騙されやすい人」と受け取ってガッカリするからです）。

バーンは、「これから逃れるすべは、早いセッションできちんと**心理ゲームの調剤**（さじ加減）を処方することだ」と言いました。心理療法家は、クライエントの「子ども」を安心させるために十分に心理ゲームを演じながら、真面目に仕事をしていることを知らせるために十分な「対決」をすることが必要なのです[2]。

第2期：脚本の分析

脚本を明らかにする：心理療法家の仕事は、クライエントの脚本の内容とプロセスについての全体的な理解を増やしていくことです。この情報をまとめるための理論的枠組みとして、「脚本マトリックス」（内容）および「プロセス脚本のタイプ」（プロセス）の概念を用いることができます。これら2つのモデルについては、すでに説明しました。

心理療法家は、脚本の情報をまとめるために、系統的な**脚本質問票**を使うこともできるでしょう。バーンも1つの質問票を作成しました[2]。シュタイナー[20]とマコーミック[21]も別の質問票を発表しています。

脚本分析の経験をかなり持った心理療法家であれば、質問票の代わりに、クライエントとのセッション中に自然に現れるものを捉え、脚本情報を集めることもできます。

バーンは、「脚本分析のスキルを磨くものには経験であり、その代わりになるものはない」ことを強調しました[2]。心理療法家は、脚本質問票を使うか、構造化されない観察によるかにかかわらず、脚本の最初の読みの正確さなどについてフィードバックを受ける必要があります。心理療法家は、クライエントとの長期にわたるワークを通じてのみ、これらのスキルを手に入れることができるのです。

バーンの言葉で言えば、脚本分析は以下のようでなければなりません。

> ……いろいろなタイプの人生早期のプログラムを持った多くの患者に会い、治療の上でかなり長期間知り合った人々の人生を推測しては、試行錯誤を繰り返す……。このような経験を積んでこそ、（心理療法家は）今会っている患者をどのように扱うべきかをよりよく理解し、どのように新しい患者からできるだけ早く最大限の情報を得るかがわかるのである[2]。

ここでもまた、仕事における経験論の哲学のバーンへの影響がわかります。有能な脚本分析家は、最初の観察に基づいてクライエントの脚本についての一連の仮説を立てます。それは、理論上の枠組みによって形づくられるものです。ワークが進むにつ

れて脚本分析家は、観察によってこの仮説を検証し続けます。もし必要なら、新しい経験上の証拠に合うように仮説を改訂します。

転移と逆転移：「転移」は、脚本理論の言葉では「クライエントが、自分の脚本の中の役割を心理療法家に割り当てること」です。「逆転移」は、「心理療法家がクライエントに自分の脚本の中の役割を割り当てること」でしょう。両当事者は、気づくことなくそうしています[2]。

どのようにしたら、行動によってこのようなことを見て取ることができるでしょう。「交差するやり取りタイプⅠ」が見られる場合は「転移」があるでしょうし、クライエントが心理療法家を心理ゲームに誘っている場合も「転移」が認められます。「逆転移」は、「交差するやり取りタイプⅡ」に現れるかもしれません。治療者がクライエントを心理ゲームに誘うか、気づくことなくクライエントが提供する心理ゲームに入り込むときにも「逆転移」がある、と言えるでしょう。

心理療法家がその状況のままでいれば、クライエントの脚本を「承認している」ことになり、「脚本上で治ること」は達成できません。

バーンは、「**自己調整**がこれらの落とし穴から逃れるすべである」と言いました。治療者は、「私は心理ゲームを演じているのだろうか？」ではなく、「私はどのような心理ゲームを演じているだろうか？」と自問すべきです。心理療法家は、この質問に対する適切な答えを（必要ならスーパービジョンの助けを借りて）見出すことによって、心理ゲームから逃れるようによく考えた調整ができるのです。

バーンは、心理療法家に対し性的な誘惑のふるまいを示したクライエントの例をあげました[2]。誘惑を助長するようなどんな反応でも、心理療法家がクライエントの「ラポ（＝男はオオカミ）」の心理ゲームに引っかかったことを意味するでしょう。これは、クライエントと性的関係を持つという非倫理的な極端な例だけでなく、治療者の性的空想についての「率直なディスカッション」という「治療まがいの代用品」にも当てはまります。

バーンは、「この心理療法家にとって、心理ゲームから自由になる対応は、クライエントの行動で気づいたことを短く、単純に伝え、それがどんなものであってもそれ以上コメントせずに、クライエントが心理療法に持ち込んだ問題に立ち戻ることである」と言いました。

この例は、心理療法における「転移」に対するバーンの態度の、きわだった特徴を示しています。

他の精神力動派の精神療法家（精神分析家）たちと同じように、バーンも「転移と逆転移がすべての心理療法の場における重要な面である」ことを認めていました。し

かしバーンは、「心理療法が転移関係を『徹底的に扱う（そうして完全な洞察に至る）』ことの上に**のみ**成り立つ」とは考えませんでした。また、「心理療法家とクライエントが十分長い時間をかけて話し合いさえすれば、『完全な洞察に至る』プロセスが、なぜか自動的に起こる」という考えが当然だとは考えませんでした。

バーンにとって「転移」と「逆転移」は、その存在を観察して認め、積極的に「対決」し、脇に除けて置くべきものでした。そうすることで心理療法家とクライエントは、有益な「今、ここ」における治療のプロセスに協力できるだろう、と考えたのでした[4]。

第3期：脚本への対抗

「眠れる美女」は百年間眠り、その後王子が彼女にキスして……自分の人生を再開できる……ように運命づけられていた。もし、王子がほんの20年後にやってきて、「本当は、あなたはそこで寝ている必要はないのですよ」と言ったとしたら、それが「脚本に対抗すること」である……それは、脚本では与えられておらず、外部から脚本を打破するものである[2]。

この物語で、「眠れる美女」の脚本に埋め込まれた**内的な解放**は、「百年間の眠りの後にある王子によってキスされること」でした。そんなに長く寝ているよりも、彼女は別の王子によって提供されたオプション――ただ起床すること――を受け入れる方を選ぶかもしれません。その王子は、彼女の脚本を妨げる代案――脚本への対抗策――を彼女に提供したのでした。

バーンは、「脚本への対抗」を説明するために、自分の実践からケースを取りあげました[2]。

ある婦人のクライエントが、不眠、抑うつ、動悸、不安の症状に長い間悩まされていました。最近、彼女の父親が糖尿病であるとわかったとき、これらの症状は一層悪化しました。バーンは、クライエントと共に原因を探し、彼女は幼年期に「お父さんに生きていてもらうためには、私は病人でなければならない」という脚本決断をしていた、という仮説を立てました。そしてこの解釈をクライエントに説明したところ、彼女は「それは私にぴったりです」と認めました。

バーンはこのように、準備した上で「脚本への対抗」を提案しました。彼は、これに関連して「いつも心掛けているのは、効果的な治療をするためにきわめて重要と考える次の3つの特質である」と報告しました。それは、**能力（Potency）、許可**

(Permission)、保護（Protection）の３つでした。バーンは、これらの「**心理療法の３つのＰ**」の最初の考案者として、同僚のパット・クロスマンの功績[23]を認めました。

> 治療者は「子ども」に、「親」の禁止令や挑発に従わなくてもよい、という**許可**を与えなければならない。効果的にそうするために治療者は、その**能力**を持ち、また自分でもそう感じなければならない。治療者は全能である必要はないが、患者の「親」の脅威に十分対処できる程度には能力がなければならない。その後で、治療者は自分には十分能力があると感じ、また患者の「子ども」に、「親」の激怒から**保護**してくれる能力が十分にあると信じてもらわなければならない[2]。（強調は追加）

バーンは「３つのＰ」について、さらに次のように説明しています[2]。

許可：心理療法家が許可を与えるとは、「クライエントが『成人』で放棄したいと思っているネガティブな脚本パターンを、放棄してもよいという認可」をクライエントに提供することです。もしこれがクライエントに受け入れられれば、脚本に縛られた行動から解放されるのです。

能力：これは、「対決する」パワーを意味します。心理療法家は、自分の能力をクライエントの「子ども」に伝えるために、許可を与えるときに注意深く言葉を選ばなければなりません。「もし」や「しかし」という言葉を避け、脅したり、条件をつけたり、資格を求めたりする言葉を含んでいてはなりません。

保護：心理療法家は、必要なときには自分の能力をいつでも使う用意があることを示し、この特質を伝えます。バーンは、「保護は、心理療法家が伝える内容とともに、その声の音質によっても大きく影響される」と言っています。

バーンがクライエントに「脚本に対抗する」準備を提供しているときには、これら３つの特質を非常に重視しました[2]。

バーンは婦人のクライエントに、「あなたは『成人』で、『父に生きていてもらう責任は持っていない』と解っているのか」と再度確かめました。彼女は、「自分にはその責任はない」と認めました。続いて、彼女は「父親に生きていてもらう」ために病気でいたのかもしれない、という前の仮説を繰り返すと、彼女は「確かにそうだと思う」と再び同意しました。そこでバーンは、「それであなたは、『よくなっていい』と

いう私の許可を手に入れたのです」という「脚本への対抗」を提供しました。クライエントはそれに対し、「やってみます」と答えました。バーンは、ここに裏のメッセージを読み取り、次のように「対決」しました。

　　「やってみる」ことは、「実際にやる」ことと異なっています。あなたはどちらをとるか決断すべきです。お父さんと別れ、お父さんにはお父さんの思いどおりにしてもらい、あなたはあなたのしたいようにするか、あるいは、お父さんと別れないで今のまま過ごすか、あなたはどちらを選びたいのですか？

　この文の最後で、バーンがワークにおける契約の基礎を再確認していることがわかります。バーンは、一連の活動を提供し、それに応えるかどうかを婦人のクライエントに問い、その答えを待ちました。彼女は、長い沈黙の後で次のように言いました——「私は父と別れます。私はよくなります」。この裏のない率直な返答で、彼女はバーンの許可を受け入れたのでした。
　バーンは、このクライエントが数百マイルも離れた町から来ていたので、とくに保護という点で問題があると気づいていました。電話による相談も考えましたが、直接の面談の方がより彼女のためになると判断しました。それで、彼女が現在住んでいる町の信頼できる２人の心理療法家の住所を教え、そのどちらかに接触するように強く勧めました。彼女はそれに同意しました。
　バーンは、面談の終わりに、クライエントに簡単な事実を述べて「脚本への対抗」を強めました。
「あなたが元気になっても、お父さんは死んだりしませんよ」

保護と「転移上で治ること」：治療者の保護する機能は、一見「転移上で治ること」を暗示しているかのように思われるかもしれません。すなわち、「親の怒り」から保護するためにクライエントは「心理療法家に頭の中にいてもらう」必要があるかもしれないのです。しかしバーンは、このような提案にはっきりと反対しました[2]。
　その代わりバーンは、クライエントの状況を乗馬やスキンダイビング（素潜り）などのスポーツを習う人の状況になぞらえました。最初学習者は保護を必要としますが、それはサポートがなくても安全にできるように技術が向上するまでのことです。最初に必要な保護は、長期にわたって指導者に依存することを意味するものではありません。

第4期：再決断

　バーンは、「脚本への対抗」を受け入れること自体は永続的に治ることではない、と強調しました[2]。それにもかかわらず、それはいくつかの脚本のネガティブな要求からの歓迎すべき息抜きになります（「まず、よくなれ」）。とくに「脚本への対抗」がもし受け入れられるなら、クライエントが脚本を探求して変更する時間をより稼ぐことができるのです。最終のゴールは、脚本の基礎となっている元の決断を変えることです。これが「再決断」で、その結果が「脚本上で治ること」です。

　バーンは、『こんにちはの後で、あなたは何と言いますか』における再決断の説明の中では、心理療法家が治療のこの時期に果たす役割について明記しませんでした。文脈上では、「心理療法家の許可によって、クライエントがこの最後の作業（再決断）のための重要な飛躍を計る」ことは明らかです。しかしバーンは、「再決断を導くために、心理療法家が具体的な介入をとくに変える必要があるかどうか」については、何も言いませんでした。

　バーンは、「決定的な介入」について述べています。実際、最後の著書の中で、「許可は脚本分析における決定的な介入である」という考えを明らかにしました[2]。しかし、心理療法家が一つの重大な「決定的な」許可――それが基になってクライエントを再決断に引き込むような――を探し求めるべきだ、と示唆しているようには**みえません**。これは「許可を与える**プロセス**」であって、「これが『決定的な介入』である」というような、ただ一つの特別な内容の許可ではありません。

　バーンの説明から受ける印象は、次のようなものです。

　クライエントは、心理療法家の許可を得て、ゆっくりと、次第に自分の脚本を明らかにします。それから、まったく突然に「臨界点」に達し、脚本のすべてから、あるいは脚本のほとんどから自由になるために、自分の自律的なパワーを用いるようになります。これが再決断であり、バーンの言葉を用いると「サッと（脚本から）抜け出す」ことになります。バーンの他の比喩――スポーツを習う人について――に戻ると、再決断の瞬間は、おそらく「初めて自分独りで馬に乗って行く」あるいは「インストラクターなしでスキンダイビングに行く」という瞬間に相当するでしょう。

　　（クライエントが）自分の「親」のプログラムから解放されると、彼の「子ども」はどんどん自由になる。**ある時点でクライエントは、治療者と自分の「成人」の助けを借りて脚本を完全に打ち破ることができ**、（古い脚本でなく）自分自身のショーで巡業に出かけるようになる……[2]。（強調は追加したもの）

自分の脚本を抜け出すのはクライエントであり、心理療法家が脚本から「抜け出させる」のではありません。再決断の瞬間は、心理療法家は単なるファシリテイター（促進役）に過ぎません。心理療法家の積極的な貢献は、すでに完了しています。すなわち、クライエントの脚本の知識と理解に基づいて、よく吟味した許可を提供しているのです。

「頭の中の声」：バーンは、心理療法家が注意を払うべき焦点として、「内的な対話」をとくに強調しました。バーンはそのフレーズを、まったく文字通りに使いました。

　　「子ども」は、自分の願望を視覚上のイメージで表現する。しかし、それに基づいて**何をするかは……聴覚上のイメージ、あるいは頭の中の声、心の対話の結果によって決まる**。「親」「成人」「子ども」の間のこの対話は、「無意識」ではなく前意識のものであるが、それは「容易に意識に昇らすことができる」という意味である。それで、現実の生活から、すなわち**実際に一度声に出して言われた言葉から構成されていることがわかる**[2]。

　バーンは、彼の師ポール・フェダーン[24]が「２つの自我の間の心の対話」について語っていましたが、この「内的な対話」は聴覚上のシステムよりも視覚に象徴される、とみなしていたことを記しています。フロイトは「夢の中で聞かれる言葉や声は、もともとは実生活で聞いたものである」と述べて重要な貢献をしました[25]が、彼もまた、主に視覚によるイメージに注意を集中していました。
　バーンは、「心理療法の命題は、明らかである」と言い、次のように勧めています。
　心理療法家とクライエントは、最初に「頭の中の声」に耳を傾け、何を言っているか見つけ出す必要があります。自分で傾聴する時間さえ取れるならばですが、クライエントが「内的な対話」を意識に昇らせるのが容易なときがあるのです。
　しかし、声に気づくことがより困難な場合があります。それは、ときにクライエントの脚本において「声を聞く」行動そのものが禁止されているからです。たとえば、支配的な「親」の声が「頭の中で声が聞こえるなら、お前の頭はおかしい」と言っているのかもしれません[2]。
　バーンは、このようにとくに困難な場合、他の心理療法から取り入れた技法を用いることを勧めました。たとえば、「内的な声」を意識に昇らせる助けになるサイコドラマ（心理劇）やゲシュタルトの「２つの椅子のワーク」です。
　心理療法家は、このような「内的な会話」に波長を合わせるとともに、クライエントにも同じようにするように促し、心理療法家の許可を選んで伝えます。心理療法家の目的は、「クライエントの頭の中に、他の声──心理療法家自身の声を入れてやる

第三章　バーンの主な理論的貢献

こと」です。この新しい声は、なじみの「内的な対話」を妨げ、脚本による制限を超えた新しいオプションをクライエントに与えます。

しかしこれだけでは、「安定して治ること」にとって十分なものではありません。これまでのところ、心理療法家の声はまだ、クライエントの「親」の声と競争しています。

もしこれが心理療法のそれまでの総成果なら、クライエントが自分で達成した変化を維持するために、空想や現実において「心理療法家に身近にいてもらう」必要があるでしょう。もしクライエントが「転移による改善」から抜け出して「脚本上で治る」つもりなら、さらに決定的な声、すなわち自分自身の「成人」の声を加える必要があります。

「成人」同盟

> ……「成人」は、「親」と「子ども」との間に効果的な介入ができる唯一の力であって、すべての治療的介入はこの点に気づかなければならない。「成人」は、自分自身のエネルギーを動員するために外部から許可を得ることができ、あるいは外部の資源によって充電することができる。それは「親」と「子ども」の間をとりなすポジションに位置する。……それゆえ、治療における決定的要素は、最初に患者の「成人」を「引っかける」ことである。もし治療者とその「成人」が同意して同盟を結べば、この同盟は「子ども」に許可を与えるために「親」に反対することに活用できる[2]。

ここで、少し説明を加える必要があるように思います。バーンの言う「成人」を「引っかける」という言葉の代わりに、今日の交流分析家の多くは「クライエントを『成人』に誘う」と言います。また長期にわたる「治療の順序」の中で、「成人」同盟は必ずしも「最初に」作る必要はありません。

バーンが言うのは、心理療法家が他のステップに進む許可を与える前に「成人」同盟が結ばれる必要がある、ということです。ここで付言しておきたいことは、**契約作成のプロセスはバーンの心理療法の中心となっているが、それは心理療法家が早い治療段階で『成人』同盟を誘導することができる効果的な手段になる**」ということです。

バーンの言葉使いからは、バーンが「親」を普遍的な「悪者」として描いているようにみえるかもしれません。実際、交流分析の大衆版のいくつかは「バーンはまさにそのような意味で使っていた」と解釈しました。それで、交流分析療法のメッセージを「ちょっと『親』を打ちのめしてごらん。『子ども』を自由にするんだ。そしてコ

ンピューターのような『成人』にみんなを監視させれば、万事ＯＫだよ」というものである、と解釈しました。この誤解は例によって、文脈を離れてバーンの文章を読んだ結果生れたものでした。

　バーンが「『成人』同盟」について上の文章を書いたとき、その前に「この処方は、『成人』でやりたいことをしてもよいという『親』の許可をまだ得ていない人にだけ当てはまる」ことを指摘していました[2]。もし本人がそのような許可をもらっているなら、「内的な対話」はないでしょうし、心理療法家が「親」の声を妨げる必要もなく、心理療法の必要もないでしょう。

　バーンは、「親」の自我状態は個人の生活でポジティブな機能を持っている、と明言しました。そして、心理療法のゴールはどうにかして「親」を「取り除く」ことである、とは決して言いませんでした。

要約：有能な心理療法家は、自分とクライエントの「成人」同盟を作り、それを強固にしたときにのみ許可を与えます。

　心理療法では、クライエントがネガティブな「親」の「頭の中の声」に対抗するために、とくに心理療法家の声の援助を必要とする時期があります。この時期はまた、クライエントの「子ども」が内的な「親」の支えを失い、あるいは「親」の報復すらあることに直面して、心理療法家の保護を必要とするかもしれません。クライエントが心理療法家の指示に依存する代わり、あるいは「内的な対話」に波長を合わせる代わりに、問題状況を絶えず自分自身の「成人」によって扱うようになったときに、治療が成功し、「脚本上で治る」ことができるのです。

　バーンは「成人」を、定期的に運動すれば強化され、使わないと退化する筋肉にたとえました[17]。バーンはこの比喩で、「人が脚本から自由な行動を積極的に実践することによって、心理療法による変化を強化できる」というやり方を伝えました。これは、再決断で「サッと脚本から抜け出す」前でも後でもできることです。

　最後に、バーンが初めに定義した「成人」の自我状態の性質に注目することは、有意義だと思います。「心理療法の目標は『成人』の優位を主張することである」とバーンが言った本当の意味は、「人はもっぱら、冷たく、感情がない計算で人生を扱うよう努めるべきである」というものではありませんでした。人は、「成人」の自我状態でも、感情をよく感じるでしょう。それは、その人の「今、ここ」での本物の感情による反応であり、その瞬間の全体験の一部をなすものです。彼は、どう感じるかとともに、どう考えるかを十分に考慮して、状況を処理するでしょう

文　献

1) Berne, E. (1971): Away from a Theory of the Impact of Interpersonal Interaction on Non-Verbal Participation, Transactional Analysis Journal 1(1): 6-13. Reprinted in Berne, E. (1976). Beyond Games and Scripts (eds C. Steiner and C. Kerr). New York: Grove Press.
2) Berne. E. (1972): What Do You Say After You Say Hello? New York: Grove Press.
3) Berne, E. (1968): A Living Problem: the Gordon Knot, Transactional Analysis Bulletin 7(25). Reprinted in Berne, E. (1976) Beyond Games and Scripts (eds C. Steiner and C. Kerr). New York: Grove Press.
4) Berne, E. (1966): Principles of Group Treatment. New York: Oxford University Press.
5) Cheney, W. (1971): Eric Berne: Biographical Sketch Transactional Analysis Journal (1): 14-22. Reprinted in Steiner, C. and C. Kerr (eds) (1976) Beyond Games and Scripts. New York: Grove Press.
6) Berne, E. (1963): The Structure and Dynamics of Organizations and Groups. New York: Lippincott.
7) Berne, E. (1957): A Layman's Guide to Psychiatry and Psychoanalysis. New York: Simon and Schuster.
8) Clarkson, P. (1991): Transactional Analysis Psychotherapy. London: Routledge.
9) Berne, E. (1969): Minimal Basic Science Curriculum for Clinical Membership in the ITAA, Transactional Analysis Bulletin 8(32): 108-10.
10) Callaghan, V(1971) `A Living Euhemerus Never Dies: Section II´, Transactional Analysis Journal 1(1): 66-9
11) Berne, E. (1968) Staff-Patient Staff Conferences, American Journal of Psychiatry 125(3): 286-93. Reprinted in James, M. (ed.) (1977) Techniques in Transactional Analysis for Psychotherapists and Counselors. Reading: Addison-Wesley.
12) Berne, E. (1964): Games People Play. New York: Grove Press.
13) Pulleyblank, E. and P. McCormick (1985): The Stages of Redecision Therapy, in L. Kadis (ed.): Redecision Therapy: Expanded Perspectives. Watsonville: Western Institute for Group and Family Therapy.
14) Goulding, R. (1985): History of Redecision Therapy, in L. Kadis (ed.) Redecisional Therapy: Expanded Perspectives Watsonville: Western Institute for Group and Family Therapy.
15) Concannon, J. (1971): My Introduction to Eric Berne, Transactional Analysis Journal 1 (1): 60-1.
16) Stewart, I. (1989): Transactional Analysis Counselling in Action. London: Sage.
17) Berne, E. (1961): Transactional Analysis in Psychotherapy. New York: Grove Press.
18) Erskine, R. (1973): Six Stages of Treatment, Transactional Analysis Journal 3(3): 17-18.
19) Woollams, S. and M. Brown (1978): Transactional Analysis. Dexter: Huron Valley Press.
20) Berne, E. (1958): Transactional Analysis: a New and Effective Method of Group Therapy, American Journal of Psychotherapy 12: 735-43. Reprinted in Berne, E. (1977) Intuition and Ego-States (ed. p. McCormick). San Francisco: TA Press.
21) Steiner, C. (1974): Scripts People Live: Analysis of Life Scripts. New York: Grove Press.
22) McCormick, P. (1971): Guide of Use of a Life-Script Questionnaire in Transactional Analysis. San Francisco Transactional Publications.
23) Crossman, P. (1966): Permission and Protection, Transactional Analysis Bulletin 5 :152.
24) Federn, P. (1952): Ego Psychology and the Psychoses. New York: Basic Books.
25) Freud, S. (1915): The Interpretation of Dreams. New York Macmillan.

第四章
エリック・バーンへの批判と反論

……批判に対する私の唯一の答えは、この本をもう一度読んで下さい、ということです。さらにもう1つお願いできるなら、この本を全体として読んでいただきたいのです。
（フロイト『夢の解剖』に対する批評について、文献1）より再引用）

　この章の目的は、バーンの研究に対して行なわれた主な批判のいくつかを再検討することです。批判者に対しても公正な態度で、これらの批判の検討を進めたいと思います。
　まず、私が「批判者が指摘する点の、どの部分が正しくどの部分が正しくないか」についてどう考えているかを示すことから始めていきましょう。
　言ってみれば、バーン死後の交流分析理論とその実践の主な発展は、すべてバーンの業績に対する「批判」と考えられないこともありません。
　交流分析家は、バーンのアプローチに絶えず疑問を示し続けてきました。よりよく説明できると思われる理論上の概念図やより効果があがると思われる心理療法のやり方を開発したときは、バーン理論の原型の代わりに、自分たちが開発したものを採用したのです。
　いろいろな革新者がそれぞれ異なった道をたどったために、現在の交流分析にはいろいろな「学派」が形成さています。このような交流分析の内部からの「批判」も、バーン死後長年にわたって続けられてきたものです。この問題は後の章で討議することとし、そこではバーンの交流分析と心理療法一般への影響について再検討したいと思います。
　本章では、交流分析の外部からの批判を検討してみましょう。ここでは二人の著者の批判を選び、詳細に検討してみたいと思います。
　まず精神分析家ジョエル・コーベルによる批判[2]を検討し、次にアービン・ヤロムによる批判を論評します[3]。結論を先に言えば、二人の批判はバーンを研究して理解した上でなされているのではなく、よく言っても部分的な理解であり、悪く言えば誤解に基づいたものです。
　しかし、二人が提示した批判に答えることはバーンの研究に対して広く伝わっている批判的な態度に応えることにもなる、と考えています。また二人の著作がバーンのアプローチを歪曲してその「公のイメージ」を作った唯一のものではない、と思います。そこで、この誤ったイメージの起源を探ってみたいと考えています。もしかすると、バーン自身が自分の研究への誤解の種をまいたのかもしれません。

コーベルと「心理の道化」という批判

　コーベルの1976年の著書、『A Complete Guide to Therapy（治療の完全ガイド）』に書かれた批判を取り上げてみましょう。そこでは、「交流分析は疑いなく、心理療法の中では大ヒットである。エリック・バーンは1960年代、『**あなたが演じる心理ゲーム**』の出版で大成功を収めた」[2]と述べられ、さらに、バーンを認めるような調子で論評が続けられます。

> ……よく知られているいろいろな要素を合成してできた、尊敬に値する、実践的な治療法である。その創始者のエリック・バーンは、グル（指導者）ではなかったが、訓練を積んだフロイト派の精神分析家であった。……治療の基礎になったグループ・テクニックについては何も劇的なものはない。……ここでは問題は何もないし、……神の力が働くこともない。……リーダーは、メンバーと同じレベルで寄り添っている[2]。

　ここまでは何も問題はありません。バーンも、そう認めたでしょう。コーベルは、やり取り、心理ゲーム、脚本の定義を行なっていますが、これは切り縮められてはいても、バーンの定義に反するものではありません。
　コーベルは、バーン理論とアルフレッド・アドラーの「個人心理学」との類似性を指摘しました。アドラーは、バーンも認めていたように、直系の先達です。
　このような期待が持てる書き出しを読んだ後、コーベルが書いた交流分析の項目の最後のページを開くと、これはどうしたことでしょう？　驚くほど違った調子で書かれていることがわかります。議論の中で再びフロイトが登場します。フロイトは、ここではバーンと対照的な人物として描かれています。

> ……「超自我」と「イド（エス）」を理論上の抽象概念とすることにより、フロイトは、精神の生育史上のいろいろな力の役割について、批判的に論評することができた。しかしバーン（とその追随者）は、それを通俗的な実体に——現実に存在する自我状態に——代えることによって、連続ホームコメディの道化にしてしまった。私、あなた、誰でも、みんなが一緒にOKであるために私たちがしなければならないのは、「成人」が定義する現実を受け入れること、言い換えれば、確立した秩序に従うことなのである[2]。

　どうも議論が変な方向に行ってしまったようです。バーン理論の中心となる概念が道化のレベルに変えられてしまっています。交流分析は、市民の順応主義の道具とし

て登場しています。順応主義の言葉で「OKさ」が用いられると、どういうわけかそれが「成人」の自我状態である、ということになってしまいます。

実はコーベルは、次のように彼の解釈を強調しています。

> その治療（交流分析）は、属している文化の最先端に並んでいるものとして、最も注目を集めている。もしたまたまこの最先端に、娯楽ショー、連続ホームコメディ、技術的ガラクタと一緒にし、それに混乱した理想主義を入れると、治療は**寄せ集め**を丸ごと抱え込んだものとなる。そして、患者に道徳的な圧力を加え、その圧力に合わせたパーソナリティに作り替える[2]。

もしコーベルが描くイメージ通りなら、交流分析にとって、彼の批判は抜き差しならないものでしょう。彼の主張はどれだけ正当なのでしょうか？

私には、コーベルの議論では以下の異なった３つのテーマを取り上げることができると思います。

1. 「バーンの自我状態は、フロイトの精神の機関、すなわち超自我、自我、イドの通俗的な実体化である」
2. 「交流分析による個人の変化の理想は、確立された秩序に従うことである」
3. 「確立された秩序に従うことは、『成人』による現実の定義づけを受け入れることである」

バーンが述べた理論や実践のどこに、このような記述の根拠があるのでしょう？コーベルの主張を１つ１つ検討してみましょう。

自我状態は、超自我、自我、イドの「実体化」なのか

私は、コーベルは「実体化」という言葉を「実物とする」という一般の辞書的な意味で用いている、と思います。すなわち、抽象的な概念を「現実の物体としての対象」でありかのように考える、と言っているのです。ただし、コーベルの批判を調べても、彼がどうしてこの言葉を選んだのかを知る手がかりとなるコメントもないし、その説を支持する主張もありません。

一見しただけでは、バーンの自我状態の理論がどうしてこのような意味に受け取られたのか、理解できません。私は先に、精神力動派（精神分析派）の先駆者たちの理

態」というまさにその名称がこの事案を明確に示しています。

「自我状態　対　精神の機関」についてのバーンの考え．バーンは、コーベルによってなされたような主張を、よくわかっていたかもしれません。いずれにせよ、バーンの「3つの自我状態」のモデルがフロイトの「3つの精神の機関」のモデルとは異なったものであることを、何度となく自分の論文で説明しました。

　バーンは、最も早いジャーナルの論文で3つの自我状態のカテゴリーについて集中的に解説しています。その中でバーンは、次のように注意を喚起しました。
「これら3つの概念を単にフロイトの超自我、自我、イドについて新しく表現したもと考えることは、正しくないだろう」[4]

　そして、自分のモデルとフロイトが書いたもの[5][6]とを比較して、さらに説明を続けました。

　　　超自我は「(自己意識としての)自我の中の特別な装置」である。その優勢な機能は、批判的なコントロールを行なうことである。一方「親」は、それだけでまとまった自己意識の状態(＝自我状態)である。「親」(ここでは母親としよう)がいつも、あるいはそのときに優勢になる患者は、母親が「監視したり、命令したり、矯正したり、脅したりする」**のと似た感じで**行動しているのではない……そうではなく、母親が、おそらく同じしぐさや声の調子で**実際にしていたように**行動しているのである。患者は、自分の母親に目を向けて行動しているのではない。言わば、その制止や理屈づけ、(これが重大な要因だが)衝動性を含む、母親のすべての行動を再現しているのである[4]。
　　(強調は原文のまま)

　　　「子ども」は、幼児期のものではあるのだが、それでも組織された自我の状態である。これに対してイドは、フロイトによれば……「混沌としていて……組織されたものは何もなく、統一された意思もない」。「子ども」の組織は、個人が1歳、2歳、あるいは3歳のときにそうであったように、非常に発達している[4]。

　　　発展的な研究では両者を区別することに重要な意味があるが、一般には、理論上の差異はあるにしても、必ずしも「成人」とフロイトの「自我」を区別する必要はない。両者ともに内外の力を同時に扱うことが課題であり、2つとも個人が外部の現実を客観的に扱おうとするときに最も明瞭に現れる[4]。

　バーンは、自分の「成人」の自我状態とフロイトの「自我」の概念上の**類似性**を認

論からバーンがどのように自分の理論を発展させたかについて、かなり詳細に説明しました。ここで再び、バーン理論の発展について、簡潔に、また段階的に考えることは、役立つことと思います。

1. バーンの「構造の分析」の理論は、フロイトの初期の理論から直接出発したというより、ポール・フェダーンの自我心理学に基礎を置いている。
2. フェダーンもバーンも、フロイトが作った「超自我、自我（ego）、イド」という3分類を修正して用いたというより、むしろフロイトが「**自分（そのもの）**」(the ego：広義の自我) と呼んだものの独自の分析から出発した。
3. バーンは、「人のその瞬間における体験全体を自我状態と定義する」というフェダーンの概念を採用した。また、「その人の過去の人生に由来する自我状態は、現在でも再体験できる」というフェダーンの説に従った。
4. バーンはまた、エドアード・ワイスの研究をもとにして、「人には、幼児期に、重要な他者から取り入れた自我状態のカテゴリーが存在する」と示唆した。
5. フェダーンとワイスは、自我状態を現象学の用語を用いて記述した。たとえば「人の内的体験としてだけ知られる」というように、である。バーンはその理論を発展させ、彼のモデルにとってきわめて重要な新しい要素を加えた。すなわち、「すべての自我状態は、内的にも体験されると同時に、明確な一連の行動によって外部から知ることができる」のである。
6. このようにバーンは、「観察可能な予測が生み出すパーソナリティ理論」を作り上げた。

コーベルが「実体化」という言葉を使うようになったのは、おそらくこの最後の第6ステップのためでしょうか？　もしそうであれば、彼は「危険な飛躍」をしたのでしょう。上の第6ステップが「抽象的なものを実体とする」ものである、とコーベルが主張しているなら、彼の基本的な命題は「体験を検証できる理論はどれも、実体から（のみ？）構成される」というものに違いありません。しかしこの命題は、哲学者、物理学者、行動主義の心理学者が同意できるものではなさそうです。

すでに上のリストの第2ステップで、コーベルのどの説明がバーン理論を確実に誤って伝えているかが明らかでしょう。コーベルは、「バーンは、3種類の自我状態をフロイトの3つの精神の機関と1対1対応させるつもりであった」とほのめかしています。しかし本当は、バーンのモデルをフロイトのモデルに「重ね合わせる」ことはできませんし、バーンには決してそのような意図はありませんでした。バーンの体系の3区分は、「（広義の）**自我**」(the ego) **からのみ引き出されたものです。「自我状**

めていました。しかしそれには留まりません。バーンの言葉に従えば、私には彼が「成人」と「自我」を**同じもの**と考えていなかったことは明らかです。

両者の間の類似性は、どちらもその主な機能の１つが「現実の検討を行なう」ことと定義される点です。バーンの後の著作から確認されるように、彼のモデルでは「成人」だけでなく、３つの自我状態のカテゴリーはすべて「（自分そのものとしての）自我」の現れです。言い換えれば、「親」「成人」「子ども」はすべて「自我のシステム」の部分なのです[7]。

バーンは、自分の理論とフロイト理論との相違を解説したに留まらず、著作の数カ所で、二人の考えがどう論理的に調和できるかについても述べています[1)7)8)]。私は、このように理論の整理をしなくても、バーンのモデルの構成は、コーベルが主張する「平凡な実体化」よりはるかに進んだもののように思います。

この点をいっそう強調することは、正当でしょう。私は、「バーンの仕事を『実体化』の枠組みにはめ込んだコーベルは、バーンのモデルの特質を間違って伝えたこと以上のことをしてしまった」と思います。コーベルは、バーンの先立つ理論への最も顕著な貢献——すなわち「観察の要素」を追加したこと——を削除しようと努めたのです。

交流分析は変化の目標を「確立された秩序に従う」ことと考えるのか：コーベルは私の「変化の目標」という表現を使っていませんが、その代り「OKであること」（が目標である）と書いています。もっともコーベルは、早い時期の論評において交流分析療法の目標を解説し、それは「私はOK、あなたもOK」という交流分析の「至高善」である、とはっきり言っているのですが[2)]。ここで「至高善」は、おおよそ「究極の善きもの」という意味です。

まず不思議に思うのですが、どうしてコーベルは「私はOK、あなたもOK」の「ポジション」を「確立された秩序に従うこと」と同一視するようになったのでしょうか？

私は先に、より広い脚本理論の一部として、「ポジション」に関するバーン理論を説明しましたが、ここでもう一度それをポイントごとに要約してみることは有意義かもしれません。

1. バーンは、「ポジション」という名称と基本的な概念をメラニー・クラインの研究から採用した。バーン理論の「ポジション」も、クラインと同じく、「人が早い幼児期に身につけた自分や他人に対する一連の態度」を意味する。
2. バーンは、「ポジション」の文の構造を主語と述語に分けた。文の主語は「自

分」と「他人」(「私」と「あなた」)であり、述語は「価値がある」「価値がない」(「OK」「OKでない」)という**早期の感情**を指している。
3. この分類の論理から、バーンは4つ目の「ポジション」(「私はOK、あなたもOK」)をクラインの提案につけ加えた。
4. バーンは、この理論を適用するにあたり、主として「人が成人の生活でこれらのいろいろなポジションを取るだろう、その取り方」に注目した。これに対しクラインの主な関心は、「ポジションの発展と幼児期におけるその発現」にあった。

バーンは「私はOK、あなたもOK」の「ポジション」を説明し、これを「健康なポジション」、治療の上では「よくなるポジション」と呼びました[1]。したがって、コーベルがこの「ポジション」を交流分析療法の目標としたことは正しかったのです(コーベルはこれを「**至高善**」、すなわち「**すべての善きもののうち最高のもの**」と呼んで誇張しましたが、その言葉は「自律性」ないし「脚本上で治ること」のために残しておくべきだったでしょう)。

今もわからないのは、「『私はOK、あなたもOK』は体制への順応者である」と厳しく批判する解釈の根拠をコーベルはどこで見つけたのか、ということです。バーンが「健康なポジション」について書いたところでは、おそらく見つけられないのではないでしょうか。

バーンは、『グループ療法の原則』の中で次のように書きました。
「本来『第1のポジション』(『私はOK、あなたもOK』)だけが建設的であり、それゆえ『実存的(本来の存在)でありうるポジション』であることは明らかだ」[2]

これはどういう意味でしょう。

私は、バーンは「人は、『健康なポジション』にいるときだけ、『今、ここ』に対応し、一貫して本物の存在であることができる」と言っていると思います。その他のどのような「ポジション」でも、人は幼児期に決めた「本物でない役割」を演じています。いずれにせよ、それがコーベルの意図だとしても、バーンの実存主義の世界観を「社会秩序への順応」と同一視することは困難です。

バーンは同書の後半で、実存主義的心理療法と交流分析との比較について、詳しく記しています。バーンは、次のように書き始めました。

　　　実生活に関する限り、交流分析と実存主義的分析は、正直さ、誠実さ、自律性、本物という個人の特質に対する深い尊敬と強い関心を共有している……[2]

ここには、コーベルの言う「確立された秩序」に関連するものは何もありません。もしあったとしても、バーンの姿勢はその正反対のものです。
　バーンが「ポジション」理論について最後に示したものは、**『こんにちはの後に、あなたは何と言いますか』**の中にあります。これは、彼が「私はOK、あなたもOK」を「健康なポジション」あるいは「よくなるポジション」と説明した個所です。バーンは同じ段落で、続けて次のように述べました。

> 「私はOK、あなたもOK」は、（反体制の）ヒッピーが（弾圧に来た）警官の銃口に花を挿したときに伝えようとしていたことである。しかし、「私はOK」が本物なのか、偽善的な望みに過ぎないのか、そして警官がその「OKさ」を受け入れようとするのか、それともこの特別な状況でも「OKでない」ことを選ぶのか、それがいつも問題なのだ[1]。

　ここには、コーベルの言う「順応者の市民」を示すものは何もありません。その反対であって、バーンの言う「私はOK、あなたもOK」はむしろ「花を挿したヒッピー」に近いものです。しかし、例によってバーンは、「OKということは、ヒッピーや警官の独占物ではない」という暗示に留めています。
　「いくら好意的に考えても、少なくともバーンが『私はOK、あなたもOK』について実際に書いた証拠に基づいて判断するなら、コーベルの主張は崩れ落ちるに違いない」と私は思います。
　それでも興味深い疑問はまだ残ります。もしコーベルが「OKさ」についての解釈をバーンから得たのではなかったとしたら、彼はそれをどこで手に入れたのでしょう？
　その手がかりは、コーベルの批判の初めのページにあります。コーベルは、問いかけというレトリックで始め、それからそれの答えを示しています。

> 　一体、「OKである」とはどういうことだろう？
> 　この質問をじっくり考えることによって我々は、交流分析の魅力についての考察をいくらか手にすることができる。「OKである」の本当の意味は、仲間たちからよく思われ、受け入れられ、共に居ることができる、ということである。……多くの治療は正常な部分への働きかけを利用しているが、そのうち最も成功したものが交流分析である。それは多くのものを「OKさ」の枠の中に折りたたみ、まさに真の芸術の形にまで高めている[2]。

　コーベルは、この解釈にあたり、どの交流分析家の著書からも引用しませんでした。今確かめたように、バーンの著作からもそうしなかったことは確実です。コーベ

ルは、他の特定できない情報源から発見したのかもしれませんが、そうであっても、私にはそれが何であるかわかりません。

残る可能性は、コーベルは単純に空中から解釈を引き出した、というものです。もしそうだとすれば、次の言葉がそれを暗示しています。

「この質問をじっくり考えることによって我々は、……考察をいくらか手にすることができる」

ここで言う「我々」とは、誰のことでしょう？ 「OKである」が「仲間たちからよく思われる」という意味なのは、おそらく「コーベルにとって」ではないでしょうか？ 「わら人形」を作り、次にそれをやっつけるのは、見せかけの議論をする人の使い古された策略です。心理療法に関する学問上の評価に対し、コーベルがそのような策略を用いたのは、まったく残念なことです。

「『成人』による現実の定義づけ」は「順応主義」を意味するのか？：先にみたように、コーベルは「『OKさ』は『社会秩序への順応』に帰着する」と言っただけでなく、この順応は「『成人』による現実の定義づけ」と同じだ、とほのめかしていました。後者の主張がどのような意味なのか、理解できるでしょうか？

これについては、結論に直接向かうことにしましょう。もう1つ「わら人形」を見つけることができるでしょうか？ それは、コーベルの本の最後から2ページ目に、ちゃんとありました。

「交流分析の『成人』は、モラルの変化の要素である。もしそれが市民的秩序の理想的な原則でないのなら、この『成人』は一体何者なのか？」[2]

本当に何者なのでしょう？ コーベルが言う『成人』は、バーンが言った『成人』の自我状態とは、まったく何の関係もありません。笑ってしまうことですが、次をみてみましょう。

> 「親」は不合理なモラルの倉庫として隠れミノの一種になっているが、「成人」はその「親」に賢く反抗し、グループによって支持され、治療が吹き込んだ高い目的によって清められることで、よき理性的なモラルを表わすことができる。「成人」は、このようにして強められ、「子ども」（たとえば「衝動性」）をおとなしくさせるだろうし、神経症的な苦しみが現実に軽くなる程度まで「抑圧」を維持するだろう……神、モラル、市民的な理想――これらのすべてが、蓋をするために引き出される[2]。

私は、「これはみな、揚げ足を取るのによい材料だ」とコメントしようと思いました。しかしそれでは、コーベルが言う「道化」という非難と同レベルになるかもしれ

ません。そこで、そのコメントの代わり、私はこう言うことにしましょう。
「**すばらしい！　でもそれは交流分析ではないですね**」

コーベルの批判は、私たちが今検討し終わったものに留まりません。彼はまた、「バーンの日常語の使用は、交流分析から『心理学の深さ』を奪う」という理由で批判しています。交流分析は、この「深さ」の代わりに、人々を実体化して——「物」に変えて——しまう理論であり、人々が理論を決定するよりむしろ理論が人々を決めつけるものである、と言います[2]。

これらの批判はあいにく、バーンのアプローチに対するもう一つの批判の基礎になりました。もう一つは、コーベルの批判よりはましですが、同じようによく知られているもので、実存主義的心理療法家のアービン・ヤロムによってなされた批判です。

ヤロムと交流分析の用語

ヤロムの著書『**The Theory and Practice of Group Psychotherapy（グループ療法の理論と実践）**』は、初め1970年に出版されました。それ以来版を重ね、この分野における標準的な参考書になっています。ヤロムは、交流分析の批判を歴史的な文脈から説き始めます。

> 交流分析は、ゲシュタルト・セラピーと比べると、新しくも独創的でもない心理療法の運動である。事実、その基本的な関心、人間観、目標、治療のアプローチは、従来のものと変わらない。交流分析の主な概念は、例外なく、過去40年にわたる伝統的な心理学の文献に見いだされるはずである[3]。

ヤロムの評価はある点では正しいのですが、多くの点ではそうではありません。

先にみたように、理論に対するバーンの貢献の多くは、他の精神力動（精神分析）の思想家の研究に基礎を置いていました。しかし、バーン理論がこれらの先行する理論家のものと**同じである**とは言えません。

ヤロムが批判する前に、脚本理論についてバーンは「そのようなコメントは予想済みである」と書いています。

第四章　エリック・バーンへの批判と反論　│　143

> 脚本理論に対する不服には、それには新しいものは何もない、というものがある。流行の衣装を上にまとったアドラーの「ライフスタイル」に過ぎない、あるいはユングの「元型」のもったいぶった焼き直しである、などである。そのように表現される事実はいつでも存在してきたし、それは多くの鋭い観察者によって観察されてきたこともまた事実である。そして、脚本理論が他人の理論を確認するか、他人の理論が脚本理論を確認するかは重要なことではない。
> 　フロイトは、「夢理論」の先駆者の観察の要約に（私の版で）79ページを費やして多くの「精神分析的な」発表を引いている。ダーウィンは、たった9ページだが、他の先駆者の多くの「進化論的」発表を引用している。しかし、発表がどんなに正確であり、どんなに数が多くても、理論を作ることはできない。
> 　脚本理論のポイントは構造の分析にある。自我状態の理論、とくに「親」「成人」「子ども」の自我状態の理論なしには、適切な観察や報告がどれほど存在したとしても、脚本理論は成立しえない。科学のどのような分野の理論でも、その名に値するには、構造の要素に基礎を置かなければならない。それなしでは、トランプのカードで組み立てた家のように、理論は崩壊してしまうだろう[1]。

　バーンは、上記の引用の後段の部分で、私がヤロムの見方で脱落している主な点と考えているものに注意を喚起しています。すなわちヤロムは、一般的な精神力動論の枠組みにバーン理論が導入した**観察可能性**の要素を見落としているのです。

　バーンの自我状態論は、フェダーンの自我状態論とは異なっていて、「観察できる行動を含む」と定義されています。その定義に従えば、「心理ゲーム、ラケット、裏があるやり取りのような要素の観察を通して、脚本理論の予測が体験的に検証できる」ということになります。

　この部分を別にすると、ヤロムが「交流分析の概念は伝統的なものである」と言っているのはおおむね正しい、と私は考えています。交流分析が斬新である点は、概念の展開を**検証する**能力です。事実、ヤロムが交流分析を「伝統的な」アプローチとして描写しているのは、ネガティブではなくポジティブなとらえ方ではないかと思います。これは、交流分析を誤解するマスメディアのイメージ（バーンが単純に「無」から創り出した、という異端者の体系としてのイメージ）に対抗することに役立つと思います。

交流分析のグループワークについてのヤロムの見解

ヤロムはグループ療法を百科全書的にまとめていますが、交流分析は 1 つの段落の脚注で説明しているだけです[3]。彼は、交流分析のグループ・アプローチの説明に十分なスペースを取らなかった理由を、次のように明らかにしています。ヤロムによれば、交流分析は「『グループ内で行なう個人療法』というモデルを使う」というのです。彼は、「グループをこのように用いるスタイルは、治療から十分な効果を得るベストなやり方ではない」と信じていました。

本書はグループ療法のモデルについてのヤロムの意見を論じるのに適切な場ではありませんが、いずれにせよ、彼が「交流分析家は、いつもこのスタイルでグループワークを行なう」と暗示したことは事実に反し、誤っています。

バーンは、決してそうはしませんでした。伝統的な分析的グループ療法家のスタイルでグループワークを行なったのです。そこでは、グループのメンバーが相互に影響し合い、心理療法家が解釈を提供していました（参照：文献 9 ））。

バーン以後の交流分析家の中には、「心理療法家とクライエントの 1 対 1 の相互作用を中心にしたグループのスタイル」を実際に選んだ人もいます。しかし他の多くの交流分析家は、今なおバーンのやり方にならい、心理療法のための手段としてグループ・プロセスに注意を払っています。

以上のようにヤロムの批判は、部分的にしか知らない事実をもとにして交流分析を評価しているに過ぎないことがわかります。

言語は交流分析の「最も役立つ」特徴か？

ヤロムにとって、交流分析の最もポジティブな特徴は「日常語を用いたこと」でした。

> 交流分析のやり方で最も新しく、最も役に立つものは言葉遣いである。興味を引く、明解な専門用語、すなわち、対人交流（「心理ゲーム」）、動機と衝動とが対立する内面の配置＝コンステレーション（「『親』『成人』および『子ども』の自我状態」）、目標と治療の約束（「契約」）、自我を制約する決定要因（「初期の決断」）、のような概念である。その決定要因には、人を動かす幻想、ライフスタイル（「脚本」）、両親の期待、超自我（「両親の禁止令」）などなどがある。この言葉遣いの展開により、メンタルヘルスの従事者たち（とくに、専門的知識がほとんどない人たち）は、内的な交流や対人交流

第四章　エリック・バーンへの批判と反論

について、より早く、より確実に把握できるようになった。交流分析はこの分野に、意義のある貢献をもたらしたのである[3]。

ヤロムのポジティブで穏やかな調子のコメントにもかかわらず、彼らは交流分析の真の価値をディスカウント（無視ないし軽視）していると思います。

確かに、バーンが日常語の使用を選択したことは、最近の心理療法に「最も新しい」貢献をしたかもしれません。しかし私は、交流分析の言語がその「最も役立つ」特徴だ、というヤロムの示唆には賛成しません。私の意見では、実際には、交流分析には心理療法家とクライエントにとってもっと役立つ多くの特徴があると思います。

交流分析の実践家としての私の経験上、ヤロムが表現したような「両刃のほめ言葉」についてはよく心得ています。

交流分析の初心者はしばしば、その「簡明さ」の点で、あるいはそれがすぐに「イメージを捕まえる」という方法の点で交流分析をほめたたえます。しかしたいていの場合、初心者はこのような交流分析の特徴を、言語が持つ簡明さや鮮やかさと同一視していることが明らかになるのです。交流分析を導入段階しか学ばない人たちにとって、覚えやすい最も印象的な特徴として日常語による表現が記憶に残るのでしょう。

私は、最近の交流分析療法の専門家の中で、ヤロムのように「交流分析の簡単な用語が『最も役立つ』特徴である」ことを認める人を知りません。多くの交流分析家は、クライエントとのワークで交流分析の日常語的な用語を使わないようにしています。これは最近広まった傾向ではありません。バーン自身のワークのいくつかの配布資料を見ると、治療セッション中は、交流分析の言葉をほとんど、あるいはまったく使わなかったことがわかります（例：文献9））。

私は後の章でバーンの日常語の使用についてさらに論じたいと思いますが、今はヤロムの批評を続けてみていきましょう。

次のような疑問が生じます。グループ療法の分野では愛好家レベルでない（専門家の）ヤロムが、交流分析の専門家がより重要と考える他の特徴ではなく、どうして賞賛する対象に「使用する用語」という交流分析の表面的な側面を選んだのでしょうか？　たとえば、交流分析理論の首尾一貫性、そして体験によって検証できること、などをなぜ取り上げなかったのでしょう？

考えられる理由の1つは、ヤロムは交流分析の不正確な、あるいは不完全なイメージに基づいて論評したのではないか、ということです。彼の論文の中に、これを立証するようなものが何かあるでしょうか？　私はあると思いますし、読者もすでに、その手がかりに気づかれたかもしれません。

ヤロムの批判は穏やかですが、コーベルと共通した重要な特徴があります。すなわ

ち、自我状態の性質を誤って伝えているのです。

　バーンのオリジナルな定義では、ある人の「親」「成人」「子ども」の自我状態は、単なる「動機と衝動との対立する配置＝コンステレーション」ではありません。ヤロムの記述は、2つの点でかけ離れたものになっています。

　第1に、異なる自我状態の内容は、ある時点のある特定の個人の中で「対立する」かもしれませんが、「対立しない」かもしれません。

　第2に、より重要なことですが、自我状態を「動機と衝動の**内面の配置**」と記述することで、バーンの定義にとって極めて大切な**行動**の構成要素を書き落としています。このようにヤロムは、コーベルと同じように、精神力動（精神分析）理論に対するバーンの最も顕著な貢献である観察可能性の要素を消し去ったのです。

　観察可能性の要素が無ければ、バーンの体系は「フロイトにアドラーの混合物を加え、すべてを簡単な言葉で、単に言い直したに過ぎない」とみえることになります。ヤロムがバーン理論の独創性を認めなかったことは、ほとんど疑う余地がありません。もしヤロムがバーンの自我状態の定式化を十分に認めていたなら、どうして交流分析の言葉遣いを「最も斬新で、最も役に立つ」特徴としてあげたのでしょう？

　ただヤロムは、少なくとも交流分析の日常語については、まったくポジティブな見方をしています。しかし、別の批判家、コーベルは違っていました。

浅はかな言語、浅はかな理論？

　　バーンの天才的な面がよく現れているのは、人気を呼ぶ提示の仕方である。これは彼が、隠された精神現象を指したり抽象度が高かったりする用語を自分が使う言語から取り去ることによって成し遂げたものである。交流分析の熱愛者は、これが心理学の神秘化を取り除いて実際に使う人々のレベルにまで引き下げた、と主張したがる。確かにその通りである。交流分析には、相互に知らない人々のグループであっても、少なくとも比較的容易に採用できる一連のシンボルがあるのだ[2]。

　コーベルも、ヤロムのように、簡単な言語がポジティブな機能を持つことを認めています。しかしコーベルの説明もまた、バーンが実際に行なったことの非常に重要な特徴を誤って伝えていると思います。

　バーンの戦術は、**抽象的な**用語を「言語から取り去る」ことではありませんでした。その代わり、人々と彼らの関係の持ち方を表現するに当たって、長くて漠然とした、複雑な専門用語の使用を慎むことを選びました。そして、実際の心理療法の場面

でよく用いられる交流分析で、その理論の中心となるいくつかの考えに、短い**日常語**を当てました。

私は、コーベルは（抽象的な用語と日常語を対立させるという）誤った二項対立を使っている、と思います。実際には、日常語で抽象的な考えを表わすこともできるでしょう。たとえば、バーンの体系の「脚本」という日常語は、そのものを観察することができないので、理論上は「抽象的な用語」になります（同じように、複雑な専門用語でも十分に具体的なものを示すことができるでしょう）。

またバーンは、「『隠された精神現象』を記述する言葉から『用語を取り去る』」ことはしませんでした。まったく正反対です。「心理ゲーム」「ラケット」「脚本」のような用語を用いた主な目的は、普通のやり方では隠されたままになる精神現象に対して直接注意を引くことでした。

コーベルは、彼が「自我状態の誤りを正す」ために使ったのと同じ討論戦術を用いて話を続けます。まず、わら人形を作り、自分自身の内的な論理に沿って進んで行き、破壊的な結論に達するのです。

> ……この戦術（たとえば簡単な言語の使用）によって、重大な特質が失われる。そのような言葉の使い方では、明示されたものから距離を取ることは決してできないのである。……どんな精神的退行や抑圧された無意識への流れ込みも、それがエロチックな空想であれ、何か転移的な態度であれ、進路をそらされて「心理ゲーム」や「やり取り」の概念へと進まされてしまう[2]。

再びコーベルは、交流分析理論を、バーンの記述とは正反対なものとして再定義しようと努めています。

交流分析家がやり取りや心理ゲームに焦点を当てる目的は、転移現象から「目が離れたり注意がそれたり」しないようにすることです。そしてその反対に、心理療法の瞬間、瞬間に現れる転移を、心理療法家とクライエントが見失わないようにするための手段を提供します。

バーンが明らかにしているように、**心理ゲームはそれ自体転移の表現**であり、ある種のやり取りも転移の表現です。心理ゲームもやり取りも、ともに一連の対人行動と定義されています。このようなやり方によって**転移現象が体系的に観察可能なもの**になったのですが、これがこの分野でのバーン理論の主な価値と目的です。

コーベルの最後の引用文では、何か他のものが暗示されているのに気づくでしょう。それは、「交流分析の簡単な言語は、交流分析理論の単純な性質に対応している」というものです。コーベルは、さらにこの論争を続けます。

148

記してきた通り、（交流分析では）心の神秘的な次元を認めていない。それに代わるものが何か、も同じく大事な点である。心理上の深さの代わりになっているのは、バーン理論の用語である。人々は、これらの用語（そのもの）**に当てはめられる**。人々は心理ゲームや自我状態の集まりに変えられ、誰もがグループの人生の中で一緒に連れ回される。ここでは、人々が実体化され、生きた人間の現実が物体のような固まりにされる……[2]。

コーベルは事実上、「平凡な実体化」という主張を拡大し、自我状態だけでなくバーン理論全体の用語に当てはめています。

まとめると、コーベルは２つの関連した命題を提出しているように思います。

(a)「交流分析理論は単純なものである」
(b)「その理論を単純なものに**している**のは、交流分析の日常語である」

後者の命題はとても容易に扱うことができるので、まずそれを考えてみましょう。

単純な言語は理論を浅はかなもの「にする」か？

　明らかにコーベルは、交流分析の言語はその理論を単純なもの「にする」と言っています。すなわち、「心理的な深さの**代わり**に手に入れるのは、バーン理論の言語である」と言うのです。

　交流分析についてのこの特別な意見から推論すれば、コーベルが出発点として考えた一般的な命題はどのようなものでしょう？　その命題は、「理論が簡単な言葉で述べられるなら、その理論は（さらに）矮小になる」というものに違いありません。

　これは馬鹿げた命題だ、と私は思います。これを言い換えて「理論が複雑な言語で述べられるなら、その理論は（さらに）深淵になる」という意味と考えると、ますますその意を深くします。

　理論が漠然とした用語で覆い隠されれば、その理論はより深淵**にみえる**かもしれませんが、これは実際に深淵であることとは別問題です。コーベルは本当に、理論の「心理的深さ」は長い言葉の使用と同一視される、と言うのでしょうか？

　コーベルの主張は根拠が薄弱でしょうが、それは交流分析に長年にわたって押し付けられてきた「公のイメージ」を説明する方法の１つとして役立つと思います。すな

わち、簡単な用語を使うことで、理論をより深淵でないよう「にする」ことはできませんが、その理論はより深淵でないよう**にみえる**かもしれません。とくに、複雑な言葉で自分たちの理論を述べることに慣れている人々にとってはそうかもしれないのです。この点についてはさらに、後に論じてみたいと思います。

交流分析理論、オッカムのカミソリ、プロクルステスのベッド

　言語の問題から離れますが、「交流分析理論はとにかく、本来単純である」というさらに重要な主張は、どのように考えたらいいのでしょう？

　ここでコーベルは、協力者としてヤロムがいたことに思い至ります。簡単な言語表現のスタイルと言う点で交流分析をほめたヤロムは、それほど好意的ではない調子で次のように続けます。

> しかし、たとえば人間行動の複雑さのすべてを心理ゲーム、自我状態、脚本などわずかな数に詰め込み、我々の理解を制限したことで……交流分析のアプローチは生産的なものでなくなった[3]。

　ヤロムの批判は、理論の言語についてのものではありません。むしろ、交流分析が「人間行動の複雑さのすべて」の説明を試みる際の理論上の用語の**「数の少なさ」**に対してなされています。この批判はどれほど当たっているのでしょうか？

　この問題について、哲学者たちはこれまで約600年の間、次の有名な指針に従ってきました。それは「オッカムのカミソリ」の教えです。イギリスのオッカムで生まれた14世紀の思想家ウィリアムは、次の格言を勧めました。

「(理論の)**本質は必要以上に複雑にすべきではない**」

　ここで「カミソリ」は「説明に不要な存在を切り落とす」ことのたとえですが、もっと散文的な表現では「できごとを表現するときに2つ以上の方法がある場合には、より簡単な方がそうでないものよりも好まれるはずだ」というものです。

　しかしヤロムとコーベルは、バーン理論は簡単すぎるので不満である、と主張しているようです。もしそうならば、オッカムの思想家とその後数世紀にわたって彼の格言に従ったすべての哲学者が現れ、バーンを擁護し、バーンを非難する批判者たちに反対することでしょう。

　バーンも「オッカムのカミソリ」についてよく知っていて、自分の交流の理論の議論用に引用しました。

このモデルは、科学上の節約の原則（ときに「オッカムのカミソリ」として知られる）に従っていて、有用なものである。この仮説はほんの２つのものである。
１．人は、ある自我状態から他の自我状態に変わることができる。
２．もしＡ氏が何か言い、続いてＢ氏がすぐに何かを言ったとすれば、Ｂ氏の言葉がＡ氏の言葉への反応であるかどうかを確かめることができる[1]。

　もちろん、「オッカムのカミソリ」それ自体は主観上の原則に過ぎないので、そうしようと思えば誰でも反論することができます。たとえば精神分析家のマランは、「少なくとも心理療法のある分野では仮説の節約原則（オッカムのカミソリ）は当てはまらない」という、筋が通った提案をしています[10]。
　また交流分析理論家のリチャード・アースキンは、最近の論文で「バーンは『オッカムのカミソリ』を使い過ぎた。そのためにバーン理論のある部分には『カミソリを入れ過ぎて』しまった」と言っています[11]。
　私がここで指摘したいポイントは、コーベルやヤロムのような交流分析の批判者が、使用する言語が「あまりにも簡単だ」という理由で、交流分析理論を（あるいはどんな理論でも）単に浅はかなものとして退けるより、マランやアースキンのように詳細に議論する必要がある、というものです。
　おそらく、コーベルやヤロムらの主な反対意見は、交流分析の「仮説の節約」に対するものではなく、むしろ「交流分析理論があまりにも乱暴に『人間行動の複雑さ』をその理論的な言語に『詰め込もう』としている」という思い込みによるようです。
　しかし、もし交流分析の理論家たちがそうしているなら、プロクルステスになってしまうことでしょう。プロクルステスは神話上の巨人で、客人を自分のベッドに横たえ、その大きさがベッドのサイズによく合っているかどうか、調べました。もし客人の体がベッドより小さければベッドと同じ長さに引き延ばし、もし長ければベッドと同じサイズに切り縮めたのです。
　ギリシャ神話の熱心な読者であったバーンは、プロクルステスの神話を知っていて、実は彼に反対し、脚本分析家たちに次のように警告していました。

　　プロクルステスは、すべての行動科学によくみられる存在である。科学者は理論を持つが、その理論に合うようにデータを引き延ばしたり、切り縮めたり、重みづけをしたりするし、ときどき隠れた変数を見過ごし、合わない項目を無視し、見え透いた言い訳でデータを理論によく合うように操作することさえする[1]。

続けてバーンは、「もし脚本分析家が科学的な客観的態度で対象にアプローチしようとするなら、プロクルステスのような行動を排除しなければならない。では、それはどのようにするのだろう？」と言っています。バーンは、「地図と地形」のたとえを出し、次のように結んでいます。

> 教訓は、「初めにその土地を見よ。地図を見るのはその後だ。その逆ではない」である。……言い換えると、治療者は初めに患者の話を聞いて脚本の要点を把握し、それから（脚本分析の本を）見るのであって、その逆ではないのである。……**そうすれば、患者が直面しているのはどこなのかを、（本からではなく）ずっと本人に確認しながら予測することが……できる**[1]。(強調は原文のまま)

バーンは読者に応えるために再度意見を述べているのです。少なくともバーンの意見を考慮に入れるように批判者たちに要請することは、道理に合っているでしょう。しかし批判者たちは、それを単に無視しているようです。

私の考えでは、これはバーンのアプローチへの批判すべてに流れる共通テーマのほんの一例に過ぎません。すなわち、批判されているのは交流分析の現実ではなく、その歪曲された、あるいは不完全なイメージなのです。

イメージ、現実、批判

もちろん、心理療法の重要人物で、自分が言っていないことで批判される人は、バーンだけではありません。フロイトも、まったく同様の扱いを受けています（心理療法家の間では、フロイトが述べたことを解説する本を書くことが、成功するセカンドビジネスになっています）。

しかし、少なくとも精神分析の専門の文献においては、解釈や強調点を中心にして議論を行なうのがふつうです。バーンを批判するときに犯したような明らかな**事実誤認**をもとに、コーベルやヤロムのような専門家が「フロイトの正体を暴露する」ことに取り掛かっている、と想像することは困難です。

コーベルとヤロムの批判を検討すると、二人はバーンの原本をどれだけ読んだのか、本当に疑いたくなります。

たとえば、コーベルが『**心理療法における交流分析**』を読んだことがあるなら、自我状態、とくに「成人」についての自我状態の気まぐれな「定義」をするとはとても思えません。またコーベルは、自我状態とフロイトの精神の機関との違いについての

バーンの説明を知らなかったようです。バーンはそれについて、3つの主な著書とジャーナルに発表した論文で詳細に説明しているのですが。

　ヤロムは、交流分析の説明に際し、何の出典もあげていません。

　コーベルは出典をあげているので、そのリストは一応参考になります。

　しかしコーベルは、補助的な文献として『**心理療法における交流分析**』に触れているだけで、参考文献一覧表にはバーンの他の著書や論文を載せていません。主な参照文献の中にトマス・ハリスの『I'm OK-You're OK』[12]がありますが、ベストセラーになったこのハリスの本は非専門家向けに書かれたもので、重要な点でバーンの考えと異なった見方をしていました。

　信じられないでしょうが、アメリカ内局歳入庁の訓練プログラムで交流分析がどのように使われたかを報告する、無資格者による論文もあるのです。

　このように、コーベルの批判は、省略された、あるいは単純化された交流分析の説明に基づいて行なわれていることがわかります。その一方、バーンの最も重要な著作への参照はまったく欠けているのです。

　さて、どうして交流分析は、このような誤認による批判を招いたのでしょうか？バーンの業績という現実と、歪曲され誤解された「大衆のイメージ」という大きな隔たりの原因は何だったのでしょう？

交流分析の「固定されたイメージ」：私は、その答えの一部は、交流分析の特有な歴史にあると思います。

　交流分析がマスメディアで評判を得た時期の1960年代から1970年代にかけ、交流分析は特別な「大衆のイメージ」を持つことになりました。そしてこのイメージが「固定され」たのです。すなわち、交流分析は発展し続けたのですが、そのイメージはほとんど変わらなかったのでした。

　さらに悪いことに、この「固定されたイメージ」は、マスメディアの注目を集めた時代にも存在していた交流分析の正確な姿を反映していませんでした。その代わり、歪曲され、過度に単純化されたバージョンに基づいて、そのイメージが作られたのです。

　すでに私は、「固定されたイメージ」の歴史的背景について説明しました。

　『**あなたが演じる心理ゲーム**』の商業的成功により、1960年代末、バーンと彼の体系が急に大衆の眼に触れることになりました。この本は数百万の読者を獲得しましたが、単に交流分析の主な理論上の考えの簡単なあらすじを提供したに過ぎませんでした。心理ゲームの理論でさえ、完全なものではなく、部分的に展開されたバージョンによって紹介されました。

もっと言えば、多くの読者が交流分析の考えに出会ったのは、『**あなたが演じる心理ゲーム**』でさえなく、「浅はかな」メディアの説明によるものでした。その説明は往々にして、交流分析の中でもすぐに人を惹きつけるようなもの——とくに人を惹きつける言葉——を中心としていて、より深く、複雑なものはさほど強調されなかったのです。そして、交流分析に対するメディアの興味が薄れるにつれ、交流分析に「固定されたイメージ」を与えたこの浅はかなイメージが、大衆の意識に残ったのでした。
　しかしそうであっても、バーンの研究に対するすべての誤解が、メディアや歴史的な経過によるだけとは思われません。
　次に、交流分析家自身がバーンの理論をしばしば誤解していたり、あるいは誤解を招くように教授したりしていたことを明らかにしましょう。これらの交流分析家の中に、エリック・バーン自身も含まれるかもしれません。

バーンが誤解を招いたのか？

　バーンの業績がどのように誤解されてきたかを知るために、交流分析理論の中心となる構成要素、すなわち自我状態のモデルを考えることから始めましょう。
　私は、これは「言葉の意味のささいな『ずれ』が理論の品位をいかに下げてしまうか」を示す驚くべき例を提供する、と考えています。

自我状態のモデル：オリジナル　対　過度の単純化

　先にバーンのオリジナルな自我状態の３分類の定義を説明しましたが、以下に簡単にまとめてみましょう。

1. **自我状態**は「感情、思考のセットで、必ずそれらに対応した行動のセットを伴う」と定義される。
2. 「**成人**」の自我状態では、その人の感情、思考、行動は「今、ここ」の年齢に相応しいものである。
3. 「**子ども**」の自我状態では、自分の子ども時代の早期の感情、思考、行動を再

現している。
  4.「親」の自我状態では、その個人の親ないし親のような人の一人から借り入れた感情、思考、行動を示す。

　私が交流分析に最初に接した20年前、私が学んだ自我状態のモデルは、上の定義ではありませんでした。私が学んだのは、「『親』は価値判断、『成人』は思考、『子ども』は感情である」というものでした。交流分析の多くの同僚も、導入の講義で「自我状態」を、このバージョンで教わったのです。

　交流分析基礎コースを教えている交流分析トレーナーの誰もが、「何か交流分析に関する本を読んだことがある」という参加者が受け入れていた知識には「価値 - 思考 - 感情」のモデルがある、と必ず言います。ヴァン・ジョインズと私は、この見方を「自我状態の過度に単純化されたモデル」と呼びました[12]。

　この過度に単純化されたモデルは、バーンのオリジナルな定義から非常に重要な特徴を除いたものであることがわかります。

　第1にこれは、**「時の次元」**を無視しています。バーンのオリジナルな定義では、「子ども」と「親」の自我状態はその人の過去の再現です。「子ども」の自我状態は本人自身の過去の再現であり、「親」の自我状態は親のような人から過去に借り入れたものです。現在**の中で**その人が現在に応じているのは、「成人」の自我状態だけなのです。

　第2に、**過度に単純化されたモデル**では、感情は「子ども」**のみ**に、思考は「成人」**のみ**に、価値判断は「親」**のみ**に帰属する、とされています。以前記した通り、バーンのオリジナルな定義では、人は**どの**自我状態でも、**考え、感じ、価値判断をすることができる**ことは明らかです。

過度に単純化されたモデルは、交流分析理論をどのように破壊するか：この2つ点の変更は、交流分析全体の構造に破壊的な影響を与えます。自我状態モデル自体がすぐ、浅はかなものになってしまいます。

　この過度に単純化されたバージョンでは、人は感じることもあれば、考えることもあり、ときに価値判断をすることもある、と言っているに過ぎません。それは、この3つの活動に対して人の目を引く名前を付けた（3つの「自我状態」で間違って包装した）ものになってしまいます。

　トランプのカードで作った家が倒れるように、自我状態モデルの基礎の上に作られた他の分野の理論も、順次崩壊していきます。きわめて大切な「時の次元」が除かれたので、交流の理論は、**転移や逆転移**との重大な関連性を失います。その代わり、人々が相互に話すやり方を図示する、浅はかな演習になってしまうのです。

心理ゲームも、やり取りの順序という観点で分析されると、同じように転移の基礎をなくしてしまいます。その代わり、単に「誰かが嫌な感情を感じて終わる行動――これもまた、すべて人の心を惹くタイトルのセットで包装された――の順序」になってしまうのです。こうして心理ゲームが向かっている「脚本の報酬」の本質は不明瞭になり、脚本マトリックスの発展的な重要性の多くがまた失われます。

おそらくコーベルは、過度に単純化されたバージョンの自我状態のモデルを学び、バーンのオリジナルな定義に即して確かめることは決してなかったのではないでしょうか？　もしそうであるなら、彼が憤慨したこともうなずけます。

コーベルの言うことが本当かどうかはさておき、過去長いこと、数千人の人々が過度に単純化されたモデルに基づく交流分析のバージョンを学んだことは確かです。バーンの業績に対するいつまでも続く誤解の大元には、自我状態を浅はかなものにしたこのような見解がある、と私は信じています。

過度に単純化されたモデルの起源：ここ数年間交流分析家たちは、バーンのオリジナルな構成に基づいた自我状態のモデルの再構築に一生懸命取り組んできました。彼らの関心は、過度に単純化されたモデルが広く普及したために被ったダメージを回復することでした（たとえば文献11）および文献13）-17）を参照のこと）。

明らかな疑問点の１つは、この単純化されたモデルがどのように始まったか、ということです。ホーマスとゴームリーはこの点をよく説明しています。

> 多くの交流分析家は……価値や規則は「親」の自我状態の機能であり、思考は「成人」の自我状態の機能であり、感情は「子ども」の自我状態の機能である、という概念を採用してきた。これらの著者たちは、ある自我状態において優勢に表現された内容を自我状態そのものと同一視している。このアプローチは……臨床上意義のある「子ども」の内容が感情なので、教育という目的には役立つかもしれない。……しかし、定義上、規則や価値は「親」に、思考は「成人」に、感情は「子ども」に由来する、と主張する人がいるなら、そこで現れるものはバーンが示したものとは異なったパーソナリティの構造の理論である[15]。（強調は著者）

ホーマスとゴームリーは、「価値－思考－感情」論の形成は、ハリス[15]とバブコックとキーパーズ[18]による、としています。おもしろいことに、これらの著者の本を再読してみても、過度に単純化したモデルを明白に述べているところは、どこにもありませんでした。また、交流分析の専門文献のどれにも、そのような記述はなかったのです。その代り、ホーマスとゴームリーが述べている現象は広くみられました。

ある著者は必ず、自我状態のカテゴリーを最も多く現れる機能によって説明するでしょう。ほんの一例ですが、次にあげてみます[19]。

　　全パーソナリティの構造は次のようにまとめられる。
　「親」：信念、価値観、道徳……を含む、はっきり教えられた一般的な観念。
　「成人」：スキルなど、事実やその他の客観的データに関するもの。
　「子ども」：生まれつき持っている感情と、両親や他人の要求に適応するプロセスで学んだ感情。

このようなことで、言語上の「ずれ」が起こるのでしょう。

筆者らは、これらの記述を自我状態の**定義**としてはっきりと主張しているのではありません。描いている特徴はまさに自我状態それぞれの一般的な現れですし、これらの記述はバーンのオリジナルなモデルの説明のいずれとも矛盾しません。しかし、ほんの一部分しか説明していないのです。とくに、極めて重要な面がどこにも述べられていません。

バーンのすべての定義をよく知らない新しい読者は、残念ながらこのことを知る術がありません。その結果読者は、「子ども」は感情、「成人」はスキル、「親」は信念や価値観、というように、定義と一般の現れとを単純に**同一である**と考えてしまいます。

バーンは、熟練した著者でしたが、思うに言語上の落とし穴を避けるための注意を十分に払ったでしょうか？　いや、払いませんでした。バーンは、彼の著作の多くの所で、このようなミスを犯しているように思います。

バーンの自我状態の不完全な記述

私は『**あなたが演じる心理ゲーム**』を中心に論じてきたので、これを例にとってみましょう。

バーンは、交流分析理論の簡単な要約からこの本を書き始めました。構造の分析の章の第1ページですぐ、自我状態の正式な定義に入っています。構造の分析の全範囲が、たった5ページに圧縮されています[20]。これが驚くには当たらないのは、バーンは序文で「さらに詳しく背景を知りたい読者は『**心理療法における交流分析**』にあるより詳しい説明を参照してください」と言っているからです。

その数ページ後にバーンは、やり取りの理論を要約し、「コミュニケーションの第

一の法則」について説明しています。

> やり取りが相補的である限り、二人が「批判的なうわさ話をしている」(P-P)のか、「問題解決をしている」(A-A)のか、「一緒に遊んでいる」(C-CかP-C)のかの区別は、この法則とは関係がない[20]。

バーンの意図は、もちろん、人々は「親」の自我状態で、批判的なうわさ話をすることで**それを典型的に表現する**だろう、というものでした（これには、うわさ話をすることは親のような人から借り入れた行動である、という前提があります）。バーンは、「親」の性質を、それが最も典型的に現れる例の1つを描き出すことによって説明しました。同じことは、引用文の中で述べられた他の2つの自我状態にも当てはまります。

しかし私は、バーンの書き方には、この論理をくつがえす強い誘いがあるように思います。新しい読者、とくにバーンの自我状態の圧縮された説明に戸惑った読者は、彼のこの描き方をおそらく定義と解釈してしまうでしょう。

読者の解釈は、おそらく次のようなものです。「人々が批判的にうわさ話をしているときは、彼らは『親』の自我状態であると考えられる。問題解決にたずさわっているときは「成人」の自我状態であり、一緒に遊んでいるときは二人とも『子ども』の自我状態であるか、一人は『子ども』の自我状態でもう一人は『親』の自我状態である」。ここから過度に単純化された「価値−思考−感情」バージョンの自我状態モデルに移行するのは、ほんの一足です。

バーンのこのような不完全な記述のために、「成人」の自我状態がとくに被害を受けました。バーンは度々、その**唯一の**機能は考えることである、というニュアンスの表現で「成人」を描写しました。たとえば**『あなたが演じる心理ゲーム』**において、「成人」を「客観的なデータ処理」や可能性の計算と同一視しました[20]。

ここで思い出されるのは、「子ども」を締め出す「成人」の自我状態にある人物をバーンはどのように描いたか、です。それは、「楽しみに参加できなかった」人として描かれています。ここでもバーンの理論構成は、思考は「成人」に割り当てられる、喜びを持つことは「子ども」に残される、というものになっています。

しかしこれは、バーンが**言おうとしたこと**なのでしょうか？　もしかするとバーンは、「親」を価値に、「成人」を思考に、「子ども」を感情に同一視するように理論を変える決心をしたのでしょうか？

私はそうは思いません。バーンは、これらの部分的記述のケースのすべてで、折にふれて自分のオリジナルな自我状態の定義に言及し続けました。たとえば**『あなたが**

演じる心理ゲーム』の最後の部分では、「自発性とは、利用可能なものの組み合わせ（『親』の感情、『成人』の感情、『子ども』の感情）の中から自分の感情を選択し表現する自由、オプションのことである」と言っています[20]。

したがって、「成人」の自我状態にも感情が伴うことになります。感情は「子ども」の唯一の特性ではなく、思考も「成人」の唯一の機能ではありません。これは、バーンが『心理療法における交流分析』で与えた自我状態の完全な定義とも一致するし、さらにさかのぼって、バーンの原点であるフェダーンとワイスの自我状態の定義とも一致します。

私は、バーンに自我状態の定義を変更する明確な意図があったとは考えません。バーンは執筆中、彼の完全な定義をずっと心に留めていたと思います。

明らかな過度の単純化は、バーンの言葉の選択から単純に起こったものです。私には、バーンの研究についての誤解の主な理由は、この点にあるように思います。このことは、自我状態のモデルだけでなく、彼の論文一般にも当てはまります。すなわち、バーンの言語の使用法が一部の読者の誤解を招いたのです。

エリック・バーンの言語の使用法

この点では、コーベルのような批判者の厳しい攻撃の背後に一片の真実があるかもしれない、とさえ思います。実際にはバーンの理論や実践は浅はかなものではなかったのですが、おそらくときどは、人々にそう思われても仕方がないように記述したことがあったのではないでしょうか。

自我状態の不完全な記述について今私たちが検討したものが、その可能性を持つ1例です。他の例には、日常語の使用があるかもしれません。

なぜバーンは日常語主義をとったのか：バーンは何度も「日常語の選択は意図的である」と著作で明らかし、『あなたが演じる心理ゲーム』の中でその選択をした目的について説明しています。

> 学問上の目的のためには、学術的な専門用語で心理学上の事実を述べるほうがいいかもしれない。しかし、患者の情緒的な力を実践の場で効果的に認めるためには、異なったアプローチが必要だろう。そこで我々は、「投影した肛門期の攻撃を言語化する」というより、「『ひどいじゃありませんか』（の心理ゲーム）を演じる」という言い方を好む。後者は、よりダイナミックな意味とインパクトを持つだけでなく、実際により正確

である。そして、ときによって人は、（エレガントだが薄暗い）淡褐色の部屋より、（直接光が差し込む）明るい部屋で、より早くよくなるものである[20]。

このような治療上の選択が、バーンの論文に活気を与え、読みやすくすることに役立った点は否定できません。しかし、そこには構造的な落とし穴がありました。

バーンによる完全な定義を知らない読者は、このような「日常語を毎日の会話のセンスで理解したい」という誘いに惑わされました。しかし毎日の会話のセンスで理解したものは、多くの場合真の意味をとらえないか、少なくともすべてを理解することはありませんでした。

「『ひどいじゃありませんか』という心理ゲームを演じる人々」と言えば、これらの人々の交流の仕方についての強烈なイメージが伝わります。しかし言葉だけでは、バーンの心理ゲームの完全な定義に本来備わっている理論的含みは、まったく伝わりません。たとえばそれは、転移や逆転移について何も触れていないのです。

心理療法について書いた著者たちは、専門的な考えを読者に伝えるのに、伝統的に（しばしばラテン語やギリシャ語由来のものを継ぎ合わせた）専門用語を用いました。その結果、彼らが書いたものを読むのに、しばしば苦労が伴いました。これらの著者たちの考えの多くは、書き方がとても複雑なために誤解されたかもしれません。しかし、彼らが少なくとも逆の問題で悩まされることがなかったのに対し、バーンには次の問題がつきまといました。すなわち、彼の言語が彼の理論より**より簡単**であったために誤解されたのです。

実体化する用語：コーベルのもう1つの批判が「バーンの自我状態は『平凡な実体化』である」というものであったことを思い出してください。コーベルによれば、バーンは概念を具体的な実体に変え、人々を「物」に変えました。

この章の初めで、コーベルの批判は私の反論に対して持ちこたえられないこと——少なくともバーンの理論を完全な形で考えれば——を成功裏に示しました。しかしコーベルの批判も、ある意味では当たっています。それは、バーンはよく（それぞれのケースの）自我状態を、**それがあたかも具体的な実体である**かのように書いたからです。多くの例からその1つをあげてみましょう。

> 軽そう病（の人）では、「子ども」により、「親」が締め出されている——混入を受けたその「成人」の協力を得て。……そう状態になったときには、その「親」と同様に「成人」も、たいへん活性化した「子ども」——そのときは、熱狂的な活動を行なう障害物がない場を持っているが——によって圧倒される。しかし、「締め出し」はマジッ

ク・ミラーのようなものであって、激怒しているが一時的に無力となった「親」であっても、今起こっている事態のすべてを観察することができる。「子ども」は「親」の無力につけ込でいるが、自分が観察されていることはよく知っている。……「子ども」が消耗した後に「親」が、同じようにひどく活性化し、復讐を果たすかもしれない[21]。

バーンは、このケースの場合も、こう書くことを選んだ理由について説明しています。彼の最大の目的は、ここでも治療のため、というものだったのです。

バーンは、自分のモデルを実際のケースに適用することについて心理療法家に一連の指示を与えながら、次のように述べています。

> **この３分法は、まったく文字通りに受け取らなければならない。患者一人があたかも３人の異なる人々であるかのように、である。**治療者は、この意味を理解するまでは、この体系を効果的に用いる準備ができているとはいえない[21]。（強調は追加したもの）

このときバーンは、「あたかも……であるかのように」という言語の使い方をよく知っていました。「親」「成人」「子ども」の定義を具体的な実体であると思わせないように、軽そう病（の人）についての文章を書き直すこともできたでしょう。しかし、もし書き直したとしたら、文章は２倍の長さになったかもしれません。心理療法の実践で「３分法を文字通りに受け取る」ことを読者に勧めるバーンの意図は、不明瞭なものとなったと思います。

要約：言葉が慎重に選ばれていたとしても、バーン独自の言語の使い方が彼の業績の歪曲したイメージに影響を与えたかもしれません。バーンは、偉大なコミュニケーターでしたが、結局多くの人々に誤解されました。理解を増すために取られた工夫——とくに言葉の選択——が、逆に誤解を招くことになったのでしょうか？

文　献

1) Berne. E. (1972): What Do You Say After You Say Hello? New York: Grove Press.
2) Kovel, J. (1976): A Complete Guide to Therapy. Harmondsworth: Pelican.
3) Yalom, I. (1970): The Theory and Practice of Group Psychotherapy. New York: Basic Books.
4) Berne, E (1957): Ego States in Psychotherapy, American Journal of psychotherapy 11: 293-309. Reprinted in Berne, E. (1977) Intuition and Ego-States (ed. P. McCormick). San Francisco: TA Press.
5) Freud, S. (1933): New Introductory Lectures on Psychoanalysis. New York: W. W. Norton.
6) Freud, S. (1949): An Outline of Psychoanalysis. New York: W. W. Norton.
7) Berne, E. (1966): Principles of Group Treatment. New York: Oxford University Press.
8) Berne, E. (1963): The Structure and Dynamics of Organizations and Groups. New York: Lippincott.
9) Berne, E. (1970): Eric Berne as Group Therapist, Roche Report: Frontiers of Hospital Psychiatry 7(10). Reprinted in Transactional Analysis Bulletin 9(35): 75-83.
10) Malan, D.(1979): Individual Psychotherapy and the Science of Psychodynamic. London: Butterworths.
11) Erskine, R. (1991): Transference and Transactions: Critique from an Intrapsychic and Integrative Perspective, Transactional Analysis Journal 21(2): 63-76.
12) Harris, T. (1967): I'm OK-You're OK, New York: Grove Press.
13) Stewart, I. and V. Joines (1987): TA Today: a New Introduction to Transactional Analysis. Nottingham: Lifespace.
14) Trautmann, R. and R. Erskine (1981): Ego-state Analysis: a Comparative View, Transactional Analysis Journal 11(2): 178-85.
15) Hohmuth, A. and A. Gormly (1982): Ego State Models and Personality Structure, Transactional Analysis Journal l2 (2): 140-3.
16) Clarkson, P. and M. Gilbert (1988): Berne's Original Model of Ego-States: Some Theoretical Considerations. Transactional Analysis Journal 18(1): 20-9.
17) Erskine, R. (1988): Ego Structure, Intrapsychic Function, and Defence Mechanisms: a Commentary on Eric Berne's Original Theoretical Concepts, Transactional Analysis Journal 18(1): 15-19.
18) Babcock, D. and T. Keepers (1976): Raising Kids OK. New York: Grove Press.
19) Klein, Mavis (1980): Lives People Live. London: Wiley.
20) Berne, E. (1964): Games People Play. New York: Grove Press.
21) Berne, E. (1961): Transactional Analysis in Psychotherapy. New York: Grove Press.

第五章
バーンの全般的な影響

多くの心理療法は現在、主流の心理療法の中であまり影響力を持たなくなっている。たとえば、エリック・バーンの交流分析……（マッソン）[1]

　国際交流分析協会（国際TA協会：ITTA）は、現在世界60ヵ国以上にわたり約7000人の会員を擁し、20以上の地域や国別の交流分析（TA）の協会は、本部組織と連携し、世界的なネットワークを作っている。南極大陸を除き、世界の総ての大陸に活発に活動する交流分析の協会があり、ITTAと連携してコミュニケーションを計っている……（ITTA）[2]

　本章ではおおよそ、今日の心理療法の理論と実践に対するエリック・バーンの影響の評価を行ないます。冒頭の2つの引用文からもわかるように、その影響はみる人の眼によって、明らかに異なります。ここでも、交流分析の実際とそのイメージとの——ないし、少なくとも広く読まれている本の著者たちによって今も伝えられるイメージとの——おなじみの不一致に、再び遭遇するのです。
　この章での私のもう1つの課題は、バーンが与えた影響の2つの分野を区別することです。
　第1は交流分析内部の影響で、第2は心理療法全体のより広い文脈における影響です。しかし交流分析自体「心理療法のより広い文脈」の一部分なので、この区別はある意味では頭の中だけのことです。
　この見方からすると、交流分析へのマッソンの批判は、まったく事実ではありません。後者のITAAの文が示すように、交流分析家のコミュニティは今日大きく繁栄し、国際的なものになっています。交流分析の専門的な活動は、今日のすべての心理療法の中で、明確な地位を占めていることに間違いはないのです。
　すべての交流分析家は今も、バーンの業績がその学問分野の基礎である、と認めています。このような根拠により、バーンの理論と実践が最近の心理療法に実質的な影響を及ぼしていることがわかります。
　しかし異なった見地からは、マッソンのコメントが正しいとも言えるでしょう。心理療法の分野を「交流分析」と「交流分析でないもの」に分け、「交流分析でないもの」を「主流の心理療法」だとすれば、正にその通りです。事実、交流分析以外の今日の心理療法のほとんどの分野では、バーンの影響はきわめて少ないのです。
　交流分析は、少なくともその歴史のある期間、他の心理療法の世界からほとんど隔絶されていました。それでも交流分析家たちは、内部の世界でバーンの築いた基礎の上に理論と実践を発展させようと大いに努力していました。しかし外部の世界では、他の分野の治療者たちがこの発展に気づくことはありませんでした。マッソンのよう

に、交流分析が今なお心理療法の生きた力であることを知らないのです。

　交流分析と他の心理療法とのコミュニケーションに不公平な壁ができたのは、どうしてでしょうか？　前に私は、この問いに対する1つの答えを出しました。それは「バーンの研究がしばしば、その価値が正しく評価されにくい単純な形で提示されたため」というものです。バーン自身の言葉の選択にも、一部の原因があったかもしれません。またその一部は、交流分析特有の歴史の結果かもしれません。

　いずれにせよ、「交流分析以外の心理療法に対する、一般に認められるバーンの影響」について書いたとすれば、どのページも事実上白紙になったでしょう。それで私は、交流分析以外のものに対するバーンの影響を検討する代りに、「もしバーンの業績が十分に理解されたなら、将来の影響はどのようなものになるだろうか」を予測することにしましょう。

　この章の始めにおいて、今日の交流分析内部におけるバーンの影響の現実を略述します。まず、今日の交流分析の主な学派を見て、それぞれの学派がバーンのオリジナルな基礎の上に自分たちの方法をどのように組み込んだか、を概説することから始めます。

　次に、交流分析の世界的な組織について、国際的な専門資格認定システムを含め、紹介しましょう。この特徴を知ることにより、バーンとその同僚たちの早期の業績から今日までを連続してたどることができます。

今日の交流分析に対するバーンの影響

　今日「交流分析」という用語は、1つの学派ではなく、理論と実践を備えた幾つかの学派を指しています。それにもかかわらず、エリック・バーンの業績にまでさかのぼることができる、すべての学派にほとんど共通している考えが存在します。

　今日の交流分析では、3つの主な学派を区別することが一般的です。以下、その各派について説明しましょう。

・古典派
・再決断派
・カセクシス（シフ）派

交流分析では、心理療法の他の分野と異なり、いろいろな学派間の関係はおおよそ友好的でした。1つの学派だけを専門とする交流分析実践家は稀で、交流分析家はふつう3つのアプローチの中から自分の好みの組み合わせを作っています。国際的な試験システムで交流分析家として認定されるためには、受験者はこれら3学派の理論と実践を身につけていることを示さなければなりません。
　初めて古典派、再決断派、カセクシス派間の違いが出版され、世に出たのは、バーンズが発表した論文の中でした[3]。その論文が書かれてから、この3つの主な学派の領域を超えて、交流分析はさらなる発展を遂げました。この発展の説明は、本書の概要の域を超えるので、交流分析に関する最近の著書を参照してください（たとえば文献3)〜7))。
　バーンの「3学派」それぞれにつき、どのようにその起源をバーンのオリジナルな考えにたどることができるかについて、簡単に説明しましょう。バーンのオリジナルな考えとの主な差異と類似点を考え、どのようにバーンの体系の範囲を拡大したかについて解説したいと思います。

すべての学派に共通する特徴

　すべての学派に共通する、はっきりした特徴があります。これは、今日の他の心理療法と交流分析を区別する特徴でもあるのです。
　どの学派かにかかわらず、交流分析の理論は2つの基本となる概念に基づいています。それは、**自我状態と脚本**です。
　これらの用語をバーンが考えた意味通りに使えば、交流分析理論を明確にし、他のすべての心理療法の理論との区別を明らかにすることができます。
　交流分析の**実践**でも、すべての学派に共通する2つの特徴があります。その第1は、これまで明らかにしてきたように、心理療法家が介入を選ぶ際に、交流分析理論に関連づけることです。その第2は、心理療法家がクライエントの問題を扱うときすべて、**契約方式**を用いることです。
　今日の交流分析のすべての学派は、このようなバーンのオリジナルな業績の中心となる特徴に、理論と実践の基礎を置いています。学派間の相違は強調と解釈の違いですが、各学派の実践家がバーンの体系に加えた理論と実践への貢献は異なっています。

古典派

　交流分析の古典派がそう呼ばれるのは、他の学派よりバーンのオリジナルな理論と実践に近いことからです。この学派とみなされる指導的な人は、クロード・シュタイナー、ジャック・デュセイ、スティーブン・カープマンなど、早期のセミナーでバーンと研究を共にした人たちです。

　本書の中心となる２つの章で私は、バーン自身の理論と実践について説明したので、今日の古典派のアプローチの基礎もすでに説明したことになります。

　さらに古典派の人たちは、バーンの理論と同じように、彼ら自身が貢献した理論も使います。彼らはバーンにならって、パーソナリティやコミュニケーションの理解を助けるためにいろいろな図表モデルを開発しました。そして、これらのモデルに日常語の名前をつけました。

　これについては本書でも、シュタイナーの「**脚本マトリックス**」の説明をしました。またスティーブン・カープマンの「**ドラマ三角形**」について述べました[8]。これは、人が心理ゲームを演じたりラケットを行なったりするとき、どのように迫害者、犠牲者、救助者という３つの偽りの役割を典型的に演じるかについて明らかにするものです。人は、１つの立場から別の立場に移るのですが、これはバーンの「Ｇの方程式」における「転換」に当たります。

　フランクリン・アーンストは、「**OK牧場**」の開発者です。これは、バーンの４つの「ポジション」理論（「私はOK、あなたもOK」など）を描く４つのマトリックスです。それぞれの「ポジション」は、成人後の人生で用いる社交上の方略に対応しています[9]。

　ジャック・デュセイは、**エゴグラム**を開発しました[10]。これは、「棒グラフ」の図の形で示されるものです。棒の相対的な高さは、自我状態のいろいろな「描写的」側面の直観的評価を示します（「コントロールする親」「順応した子ども」など）。

　交流分析以外の専門家の目には、これらの分析上のアイデアは一見口当たりがよい、表面的なものに映ることでしょう。しかし、これらのモデルは、人の心を惹く名称などすべて、バーンのアプローチの中心をなす「治療をやりやすくする」ものとして考案されています。すなわち、クライエントが持ってくるどのような問題に対しても「成人」による分析を促す一方、「子ども」の直観力に対し、それが問題解決に役立つように刺激するのです。私の経験では、これらのモデルは、このどちらの目的の達成にも成功しています。

　「純粋」な古典派のアプローチで心理療法家は、「成人」の同盟を結び、それを強化することを強調します。クライエントと心理療法家は、構造の分析、やり取り分析、

心理ゲーム分析、脚本分析などバーンの作業をワークします。

　最初の目標は、「成人」への**混入を除く**ことです。それは、クライエントが成人後の思考、感情、信念を、親から借り入れたものや、幼児期から持ち越したものと区別できるように手助けすることを意味します。心理療法家とクライエントはまた、できるだけ早く、行動変容の契約に同意するでしょう。その目的は、できるだけ速く、効果的に「治す」という目標を達成することです。「治すこと」は、すでに述べたように、さまざまに定義されます。

　古典派の交流分析家は、伝統的に個人療法よりグループ療法を用いる傾向があります。グループの場合には、治療者はグループメンバー間の交流に沿っていってワークします。それが適切であると思われる場合には、グループの中に入り、解釈したり直面化したりします。この介入で治療者が交流分析の日常語の言語を使うかどうかは、ときによりけりです。このように治療者は、バーンが彼の心理療法において方向づけた例に従います[11]。

再決断派

　再決断派の創設者は、ロバート＆メアリー・グールディングです[12-14]。彼らのアプローチは、交流分析の理論や実践とゲシュタルト療法とを結びつけたものです。グールディング夫妻は、このように結合してアプローチを発展させた理由を、次のように説明しています[12]。

　夫妻は、交流分析を用いたワークにおいて、構造、やり取り、心理ゲーム、脚本それぞれの分析というバーンの順序に従い、この方法が自己理解を促進するためのすばらしいやり方である、と考えていました。クライエントもまた、しばしばこの方法によって行動変容に向けて進んで行動しました。それでもなお、クライエントが何か嫌な感情や未解決の葛藤を経験しているように、ときどきグールディング夫妻は感じていました。自我状態の用語で言えば、クライエントが「成人」でどんな新しい意志決定をしても、「子ども」がそれに反対しているようにみえたのです[15]。

　この問題に対してグールディング夫妻が見つけ出した解決法は、クライエントが「成人」からするのと同様に、「**子ども**」**からも**新しい決断をするように促すことでした。これを実行する効果的な手段として、グールディング夫妻は、ゲシュタルト療法の行動や感情を志向する技法のいくつかを自分たちのワークに取り入れました。

　夫妻は、バーンから学んだ認知上のアプローチを放棄することなく、ゲシュタルトに基礎を置いた感情のワークとの結合を図ったのです。この思考と感情とを結合する

ワークは、再決断派の中心原則として今も存続しています。

再決断派の治療者は、変化に対するクライエントの**個人的な責任**を強調する点でも、ゲシュタルト療法家と一致しています。以前の章で説明したように、エリック・バーンの実存主義の哲学も、同様に個人の責任を強調していました。それにもかかわらず、微妙な自己矛盾を感じながらバーンは、心理療法家の務めは「治すこと」である、と思っていました。バーンの枠組みでは、心理療法家の決定的な介入は「許可を与える」ことでした。

バーンは『こんにちはの後に、あなたは何と言いますか』の中で、「心理療法家の許可は、患者の『頭の中の親の声』を中和するために必要である」と書いています。さらに、これを達成するために「心理療法家の側に『大きな治療上のパワー』が必要である」と言っています[15]。

ロバート・グールディングは、バーンのものとは異なる再決断派の考えを、有名な次の言葉で要約しています。

「それを中和するために、大きな治療的パワーが治療者に必要だろうか？ パワーは患者の中にあり、治療者にあるのではない――いつもこれは真実であった」[12]

再決断派の治療者は、自分を「許可を与える人ではなくファシリテーターである」と考えます。パワーの争いは「心理療法家とクライエントのネガティブな『親』との間でなされる」とは考えず、むしろ「クライエント自身のパーソナリティの相対する２つの部分でなされる」と考えます。この哲学は、再決断派の理論と治療テクニックの選択にまで一貫して流れています。

フリッツ・パールズは、すでに彼の**インパス**の理論を形作っていました。インパスを、個人の異なった２つの側面が同じ力で反対方向に押し合う「行き詰まった場所」である、と考えたのです。結果として個人は、多くのエネルギーを費やしながら、居心地が悪い同じ場所に留まっているのです。

グールディング夫妻は、これをバーンの構造の分析の理論と結びつけ、「個人の対立する部分」はしばしば異なった自我状態間のものと認識できる、と言いました[13]。結果としてのインパスは、関係する自我状態に由来する発達段階に応じ、３つの異なったタイプに分かれます。

タイプⅠのインパスでは、対立は幼児期後期の「親」と「子ども」の自我状態の間で起こります。ここでの治療上の課題は、**拮抗脚本**が中心です。たとえば、拮抗脚本の「一生懸命働きなさい」に従った決断と、「子ども」の「少し休みたい」という欲求との間に生じる葛藤です。

タイプⅡのインパスは、早期の言語期以前の発達段階の「親」と「子ども」の自我状態の間でのパワー争いです。問題となる課題は、禁止令に応じてその子どもが下し

た決断が中心です。たとえば、「私は決して人と親しくしてはならない」という早期決断は、本人の「親しくしたい」という欲求と衝突します。

タイプⅢのインパスは、幼児期早期からの原初の「親」と「子ども」との間での葛藤が伴います。ここでの課題は、自尊か無価値か、基本的信頼か基本的不信か、が中心でしょう。

再決断派の治療者は、クライエントに対し、葛藤する「２つの側面」のイメージをクッションに置かせ、その２つの間で会話をするようしばしば促します。その目的は、クライエントが葛藤を解決し、先へ進む方法を見つけ出すことです。

もう１つのやり方として、心理療法家がクライエントに、実際に葛藤を経験した幼時期のシーンにイメージで戻るように求めるかもしれません。クライエントは、そのシーンを再体験し、新しい方法で終結させる機会を持つことができます。

以前に述べたように、バーン自身、クライエントの内部における対話を明らかにする手段として、このような「２つの椅子」やドラマチックなワークを勧めていました。しかしバーンは、争っている内部の当事者の間に「言葉で介入する」ことが心理療法家の務めである、と説明していたのです。これとは対照的に再決断派の治療者は、葛藤に対しクライエント自身が解決見つけ出すように促します。

このようなワークでクライエントはよく、当初の状況で感じたがその後抑圧していた感情を解放します。このような感情の解放は認知上の分析で補足される、というものが再決断のテクニックの中心原則です。

ここでもクライエントと心理療法家は、やり取り、心理ゲームなど、おなじみの交流分析の図表をしばしば用いるでしょう。クライエントはまた、今決めたどのような新しい行動パターンであっても実践するという行動変容のための契約を結ぶことが求められます。

先の章からわかるように、バーン自身「再決断」という言葉を使いました。しかしバーンの説明では、クライエントは「成人」で再決断する、とされています。これと対照的にグールディング夫妻は、再決断は「成人」の支持を得て「子ども」の自我状態でする、と考えるのです[12]。

再決断派の治療者は、彼らの理論と哲学に従って、ワーク中「転移」における役割に入り込まないように注意します。その代わり、クライエントに「転移を元の場所に置きなさい」――すなわち、クライエントがクッションに置いた、投影された親の姿の上に――と促すのです。

同じような原則は、グループワークにも適用されます。グループ・プロセスは認められますが、心理療法として用いられることはありません。グループメンバーは、１対１で心理療法家とワークすることになります。グループとしての機能は、ワークが

終わったことの証人となること、好ましい変化の達成にストロークすることです。

カセクシス派

　この学派の設立者は、ジャッキー・リー・シフでした（初めは夫モリス・シフと共に仕事をしていました）。グールディング夫妻と同じように、シフはバーンの早期のセミナーにいつも参加していました。彼女と同僚たちは、統合失調症圏のクライエントの治療に交流分析を用いることに興味を持ち、その研究を発展させたのです。シフらによって設立されたカセクシス研究所とその学派は、カセクシス派と呼ばれるようになりました。彼らのアプローチの原則は、『**The Cathexis Reader（カセクシス読本)**』において示されています[17]。

　早い時期のシフの仕事として、長期間滞在できる設備がある環境においてだけ、精神病的なクライエントとの心理療法が行なわれました。シフらの主張は、「クライエントの障害の原因は、『親』の自我状態の中身である破壊的でトラウマ的なメッセージにある」というものでした。それで治療は、この「親」を退役させ、新しく健康な「親」のメッセージに置き換えるもの、と考えられました。

　この治療のポイントは、統合失調症的なクライエントでも可能な、自発的な攻撃性にあります。これを止めさせようとしたり、薬で和らげたりする代わりに、シフらは安全な環境を作り、クライエントが早い幼児期に退行するよう励ましました。構造理論の用語では、クライエントは再び「まったくの子ども」になったのです。そのときの心理療法家の務めは、クライエントの中に入り込み、クライエントのための新しい親になることです。他方クライエントは、成長の過程を繰り返します。心理療法のこの形式は、「根本的なリペアレンティング（再養育療法）」と名づけられました。

　これは明らかに、心理療法家による高度の関わり合いが必要でした。幸いなことに、幼児期から再び「成人に成長する」過程は、クライエントの実際の幼児期よりも短く済むものでした。

　カセクシス派のオリジナルな形のワークでは、心理療法家がクライエントに面と向かって、意図して積極的に「親」の役割に踏み込んでいることがわかります。これは、単にバーン流の意味での許可を与えるのではなく、クライエントのネガティブな「親」とパワーを争うことでした。シフ派の心理療法家は、「根本的なリペアレンティング」で文字通りクライエントの親になります。すなわち、心理療法家の「親」の自我状態が、クライエントの元の破壊的な「親」の「代わり」になるのです。

　ジャッキィ・シフは、「エリック・バーンは、1960年代初期におけるシフの仕事の

発展に対して緊密な接触を保っていた」と言っています[18]。彼女は、「他の方面から非難を受けたにもかかわらず、バーンはリペアレンティングのアプローチを、いつも公に支持してくれた」と想起しています。1969年、バーンは『**Transactional Analysis Bulletin（交流分析会報）**』の編集長でしたが、会報全体をシフの業績の報告に当てました。バーンはその「序文」で、「シフ派のリペアレンティングのアプローチは、自分の治療の枠組みに『欠けている側面』を満たすものである」と賞賛しました[19]。

今日では、カセクシス派は重篤なクライエントとのワークもしますが、めったに「根本的なリペアレンティング」の手法を用いることはありません。シフ派の心理療法家たちは、今では時間や関係性をそう極端に濃密にしない、修正された技法をより好んでいるようです。もう1つの発展として、精神病的でないクライエントとのワークにも、カセクシス派の方式を用いています。

精神病的な障害に対する彼らのオリジナルな関心の結果、シフ派のメンバーは、交流分析の分析的なモデルのレパートリーに、いくつか重要な貢献をしました[20][21]。これらは、脚本に縛られた人は誰でも——精神病であってもなくても——、世界が自分の脚本に合っているという幻想を持ち続けるために、考えや知覚を典型的に歪めることを明らかにしました。

カセクシス派のアプローチでは、精神病的でないクライエントとのワークでさえ、心理療法家が断固とした「親」のスタンスをとることを強調します。それは、伝統的なバーン流の「許可」を与える以上のことなのです。

シフ流のワークでは、心理療法家とクライエントは「心理療法家に、クライエントが決して持つことができなかった適切な親に『なってもらう』契約」（「ペアレンティング」の契約）に同意するでしょう。しかし、精神病的でないクライエントとのワークでは、この親の役割は、時間と場所の点で相互に同意した境界内に限定されています。

カセクシス派のワークがグループで行なわれるとき、グループにおける心理療法家の治療上の機能は「配慮した対決」です。すべてのグループメンバー——それには心理療法家も含まれますが——は、心理ゲームを演じること、その他脚本に縛られた行動をとることへの対決を期待されます。また自分たちも、対決をオープンに受け入れることが求められます。この意味で、シフ派のグループ療法家たちは、その論理的帰結として、バーンの「オープン・コミュニケーション」の原則を選んでいるのです。

交流分析の組織と資格認定

　交流分析の専門組織のネットワークは、国際的な広がりを持っています。交流分析家の資格認定は、この枠組みの中で、有能さを基礎とした試験システムによって行なわれます。この２つの特徴は、バーンとその同僚たちの交流分析初期の業績に起源を持つものです。

　ここで、今日の国際組織が初期の交流分析セミナーからどのように発展してきたかについて述べ、次に交流分析実践家たちを訓練し、資格を認定するシステムについて概説します。

ITAAの起源：先に私は「エリック・バーンがどのように定期的な臨床セミナーを作り、運営したか」について説明しました。世界に広がった交流分析の専門家の母体である今日のITAAの始まりは、直接この早期のセミナーの会合にさかのぼることができます。

　先に述べたようにバーンは、1950年代の中頃、定期的に臨床セミナーを指導し始めました。この会合は、バーンが働いていた病院で開かれ、専門家の同僚たちが出席しました。1958年にバーンは、毎週別のセミナーを開き始めました。このセミナーは専門家に限定されず、広く一般にも公開されました。新しいセミナーは、とくに交流分析を中心としたものでした[22]。

　この新しいセミナーは、バーンの家で毎週１回、夜に開かれました。新しいアプローチの興味が増すにつれ、セミナー出席者は最初の６人から６カ月後の40人に増えました。

　1960年頃までセミナー出席者は増え続け、それまでの建物と非公式な組織の構造では間に合わなくなりました[22][23]。その年にセミナー・グループは、カルフォルニア州の法律により非営利教育団体として認められました（これは、セミナー・グループの末裔であるITAAの現在の法的地位でもあるのです）。

　セミナー・メンバーは、新しい組織を「サンフランシスコ社会精神医学セミナー」と名づけました。バーンを編集者として、1962年に最初の交流分析の専門的ジャーナル**『交流分析会報』**の初版が発行されました。

　1964年までに、「サンフランシスコ社会精神医学セミナー」の登録会員数は250名以上に増えました。その中には、アメリカ以外の国の会員も含まれていました。会員の増大が認められて組織の名称を「国際交流分析協会」に変更することが決められ、バーンはその初代会長に就任しました。

　『あなたが演じる心理ゲーム』の販売に刺激され、メディアに人気があった交流分析

の時代は、ITAAの会員の増大に反映されました。しかしこれは、急激に起こったものではありませんでした。バーンが亡くなった1970年、協会の会員数は約1,000人に過ぎませんでした。もしバーンがあと10年長く生きていたなら、10倍になった会員に会うことができたでしょう。1976年の絶頂時には、ITAAの登録会員数は11,000名近くに達しました。

その間、国レベル、地方レベルの交流分析（TA）協会が、ヨーロッパに、そして世界中に現われ始めました。1974年には、ヨーロッパ交流分析協会（EATA）が創立されました。同年に、イギリスでも交流分析協会が設立されました。

バーン死後の交流分析の組織の歴史[2)][6)]は割愛し、ここで現在（1991年）の状況について略述してみましょう。

世界中の交流分析の組織は、連携関係を通してITAAと結びついています。ITAAは、国際的な「情報交換所」としての役割と共に、交流分析の世界的規模での専門的な問題に関する「最終調整」の場の役割を果たしています。

現在の会員数は約7,000人です。これには、国や地域が連合した協会の会員も含まれます。その中に4,000人以上のEATAの会員が存在しています。このように、交流分析の専門的活動の世界的な中心は、オリジナルな故国から確実にヨーロッパに移ったのです。

交流分析における訓練と資格認定：交流分析の専門資格認定は、国際的な枠組みの中で行なわれます。訓練と試験のこのシステムは、エリック・バーンと早期の同僚たちの業績に源を発しています。クロード・シュタイナー[24)]は、その最初の概念と資格認定システムの設計に関するバーンの個人的な功績を認めています。

交流分析の臨床上の最初の正式な訓練セッションは、1958年早期にサンフランシスコで開かれ、6人の受講生が参加しました[23)]。当時バーンとその同僚たちが準備していた訓練と試験の構造は、次の漸進的な3段階から成っていました。

・基本導入コース（「TA101」）
・交流分析実践家としての訓練と資格試験
・上級の交流分析の講師とスーパーバイザーの資格を得るための訓練と試験

――この3段階構造は今もなお、今日の資格システムの基本的枠組みとなっています。「TA101」導入コースは、交流分析の訓練を受けたい人の最初の関門です。オリジナルな「TA101」は、サンフランシスコ・セミナーのグループの初期の発展から成長して来ました。1959年に最初のセミナーが開かれましたが、その年末までに出席

者は、2つのグループに分けなければならないほどに増えました。1つのグループは導入コース、他方は上級コースとなったのです。

　導入グループは事実上、交流分析の基本原則を教えるコースになりました。バーンの同僚の一人であるゴールドン・グリッターは、アメリカでの大学水準の導入コースの標準ラベルである「101」という名をつけよう、と提案しました。今日の「TA101」は、世界中で標準化されていますが、これら初期からのシラバスに数回改訂が加えられたものです[2) 6) 25)]。

「TA101」終了後、交流分析実践家としての認定を受けたい志望者は、ふつう4年から5年間の訓練に従事します。受験資格を得るためには、規定時間の上級の訓練、スーパービジョン、専門的経験を終了しなければなりません。治療部門の訓練生は、訓練を通じて個人的な心理療法を受けることが求められます。試験は2つの部分、すなわち筆記試験と口頭試験から成っています。口頭試験の中心は、受験者がクライエントと行なったワークの録音やビデオのテープについて行なわれるものです。

　資格を持った交流分析家が続いて他人を訓練したり、スーパーバイズしたりしようとするなら、さらに上級の試験を受けなければなりません。多くの受験者は、5年から6年の期間をかけ、さらに規定時間の訓練、スーパービジョンを受け、専門的経験を積む必要があります。交流分析の講師およびスーパーバイザーの認定を受けるには、受験者は「上級理論」「倫理」「講師とスーパービジョン」の3つの部分の口頭試問に合格しなければなりません。

　今もバーンのオリジナルな3段階モデルが用いられていますが、今日の資格認定制度には、30年間に及ぶ発展と改訂が加えられています。その課題は、適正で信頼でき、能力に基づいた認定の手続きを、世界の専門家コミュニティに提供することです。交流分析の訓練と試験についてさらに詳しく知りたいなら、ITAAとEATAが発行したハンドブックを見ましょう。

　これまで、本章では今日の交流分析内部でのエリック・バーンの影響について検討してきました。続いて、心理療法のより広い分野で起こり得る影響について予測してみましょう。今から10年後には、エリック・バーンは「心理療法の栄誉の殿堂にどのように存立している」でしょうか？

エリック・バーンの広範な影響：その予測

　エリック・バーンの影響の将来の予測に際し、私は楽観的であることを決めました。そこで、「最高のケースのシナリオ」から出発することにしましょう。
「最高のケース」とは、一体何でしょうか？
　まず交流分析家が、交流分析の本当の姿を伝えるために積極的に取組んでいる、と想定しましょう。彼らは、エリック・バーンが心理療法にどのような貢献をしたかを明確にしているでしょうし、バーン以後の交流分析家たちがバーンの貢献に何を加えたかについても明らかにしているでしょう。
　とりわけ、すべてのレベルの交流分析の講師たちは、必ずバーンが最初に述べた自我状態のモデルを教えているでしょう。彼らは、「時の次元」がバーンのオリジナルな自我状態の定義にとって極めて重大であることを強調するでしょう。また、「子ども」は早期のものであり「親」は借り入れたものであること、自我状態のこの２つの分類は共に過去の再生であり「成人」だけが現在における現在への反応を現わすことを強調するでしょう。
　交流分析家は、過度に単純化された「価値－思考－感情」バージョンの自我状態のモデルが現れるときにはいつでも、その不適切さを指摘するでしょう。そうすることにより、交流分析への新しい参加者たちは、バーンが意図した通りに交流分析理論を成功裏に理解する世代になるでしょう。私の理解では、すべてはこれにかかっています。自我状態の真の理解があってこそ、交流分析の理解はあるのです。

1971年からの見地

　私は、占いの水晶玉の中をのぞき込むことより、他の人の予測がどうなったかを知ることの方が、非常にためになると思います。バーンが亡くなった1970年代初期、当時の交流分析家たちが交流分析の将来について熟考していたのは、当然のことでした。
　『**Transactional Analysis Journal（交流分析ジャーナル）**』の初版は、1971年１月に発行されました。エリック・バーンと同僚たちは、以前の『**交流分析会報**』に代わって長い間その出版を計画して来ました。しかし結局、『**ジャーナル**』の第１号はバーンの追悼号になってしまいました。
　バーンに対する賛辞からは、当時の人々の情動的な色彩が強く感じられます。たと

えば次のようです。

> 我々の生命は、エリックによって触れられ、力強く触れられ続けた。そしてそれに代わって、我々は彼をエウエメロスの場所へと運んでしまった。彼の前にフロイトを、そして彼の前にモーゼを運んだように[26]。

「エウエメロス」は、ここでは「亡くなったカリスマ的リーダー」を指します。ジャーナルに現れる賛辞には「生けるエウエメロスは永遠に死なず」というタイトルが付けられています。

バーンは、彼に別れを言いたくない同僚たちの気持に同情しただろうと思います。しかし不死の存在とされたことについては、多少なりとも皮肉たっぷりに反論したかもしれません。バーンは大の実用主義者であって、精神分析の創始者と「並び列せられるはずだ」と、ましてや彼が幼児期に信じた教祖と「並び列せられるはず」とは、決して言わなかったでしょう。

『ジャーナル』の第1号に始まるバーンの略伝の中で、ワレン・チェニーはバーンの将来に対する影響を生き生きと描いています。

> エリック・バーンが精神療法の発展に大きな貢献をしたのは確かなことです。医学、心理学、行動科学の歴史家たちが、彼の功績を無視することはもはや不可能です。すでに彼の著書だけでもその功績を保つことができます……。
> 　西暦2000年まで、エリックが発見し、定義し、説明し、検証し、実際に使えるようにした基本原則の上に築かれるのでなければ、交流分析よりも強力で、より成功する、新しい心理療法は生まれない、と予測してよいでしょう。……エリック・バーンと彼が訓練した専門家たちのお陰で、交流分析は世界中の臨床家が選ぶ治療の選択肢となる、と言っても過言ではありません[27]。

ああ！　現実は、チェニーの予測とは異なったことがわかりました。結局多くの歴史家たちは、バーンの貢献を完全に無視することが可能であることを証明しました。バーンの論文の中には、歴史に占める彼の地位を守るどころか、危うくすることを助長したものがあるかもしれません（前章で討議したように）。また、今日の心理療法の世界にいる者は——交流分析の内外を問わず——誰でも、「治療の選択肢」として、おそらく「バーンのアプローチは他のすべての心理療法に席を譲る可能性がある」と言うことでしょう。バーン自身がそのように言ったことは決してなかったのですが。

第五章　バーンの全般的な影響　｜　177

交流分析の利己的利用に対するシュタイナーの考え：バーンの親友であったクロード・シュタイナーは、バーンの死の2、3年後に、もう1つの予見、より暗い未来について書いています。

> 交流分析は、もともと精神医学の理論と実践として創られたが、通俗的なアピールと特質のためにどの窓口でも、粉飾され、商業化されるようになり、ますます大きくなる消費者にとって口当たりがよいものになるのではないか、と私は恐れる。はっきりした基本的な特徴を次第に失い、より簡単に受け入れられやすい考えに逆戻りする危険がある……
>
> 私は、交流分析が単一化され、再解釈され、そうして大衆市場で破壊されるプロセスを観察している。それは、何ら科学的な誠実さへの考慮を払うことなく、利益の最大化を図るために使われているに過ぎない。少し突飛な言い方かもしれないが、今に全国至る所、交流分析ジム、教会、ハンバーガーショップができるのでないか、と私は予想する。……ジム［と］ハンバーガーショップには……営業許可は下りないはずであるが。しかし、私がこれまでみたものは、エリック・バーンの交流分析からすばやく金を作り国民総生産に寄与する方法に関係する。……
>
> このような誤った利用のために5年以内に交流分析は完全に信用をなくし、真面目な人はその価値を見捨ててしまうだろう、と私は恐れる[28]。

幸いなことに、シュタイナーの暗い見通しは現実にはなりませんでした。交流分析ハンバーガーショップや教会はありませんし、将来もできないでしょう。また交流分析は、かつてどんなに不人気な年でも、すべての「真面目な人々」から見捨てられるような重大な危険にさらされることなく過ぎてきました。しかし、交流分析は「はっきりした基本的な特徴を失う危険に」さらされている、とシュタイナーが言ったとき、彼は確かに予言する力を持っていました。

シュタイナーはこう続けました。この厳しいシナリオへの処方箋は「エリック・バーンが打ち立てた原則に対し忠実であり、明確で、誇張がない、わかりやすい解説を提示することである」と[28]。シュタイナーは、これが自分の目的であった、と著書『**人が生きる脚本**』を書くに当たっての目的であったと語っています。これこそ、本書を書いている私の目的でもあるのですが。

結果は、本当にどうなるのでしょうか？　10年先を展望するとき、心理療法のより広い分野でのエリック・バーンの影響はどうなっているでしょうか？　これから私自身の予測を述べてみたいと思います。

エリック・バーンの影響：2001年からの見地

　私は、これから10年後に回顧するとすれば、「『**あなたが演じる心理ゲーム**』で始まったメディアの評判の年は、明らかに交流分析の歴史的発展の主要道路から逸れた横道にみえるだろう」と信じています。確かにこの脇道は、魅力的な幅広い高速道路であり、見やすい道路標識もあったのですが、最後にどこにもたどり着かずに消えていきました。

　この横道を選ばなかった人たちにとって、主要道路は石ころだらけで、道をたどることが困難なときもありました。しかし、交流分析の最初から私たちが現在いるところまで、主要道路は途切れない道を提供してくれました。この道の行き先を見ると、私たちを未来に連れて行ってくれる、しっかり造られた高速道路が見えてきます。

　興味深いことに、今や次々と景色が開け、少なからず交流分析道路と同じ方向に走っているいくつかの他の道路も見えてきます。1つまた1つ、共通の目標に向かって走るように連結しながら、いろいろな道路の間に、次第に多くなる連絡道路が建設されています。

　心理療法間の接点：交流分析の発展もその一部ですが、心理療法の今日の発展における主なテーマは**折衷主義**でした[29]。もはやどんな心理療法であっても、それぞれの心理療法に最も携わっている人たちさえ、「すべての病気を治す」潜在的な力があるとは考えていません。それに代わって実践家は、そのすべてが心理療法の結果に貢献できるかもしれないと認識し、いろいろなアプローチの探究を選んでいます。

　これはまた、単なる相互受容と文明的な常識の問題ではありません。調査の結果によれば、「心理療法の効果は、1つの理論や1つの方法によるものとは限らない」という示唆がますます明らかになっています[30]。

　私は、この現状はしばらく続き、交流分析は来る10年の間にさらなる発展を遂げるだろう、と信じています。交流分析家にとって、またすべての心理療法家にとっての中心課題は、次のようになるでしょう。

　異なった心理療法のアプローチの間で、お互いにどのように接点を見つけることができるのか？　どんなアプローチでも、他から何かを学び、また何かを与えられるだろうか？

　交流分析：3つの勢力を結ぶもの？：20世紀の心理療法の比較研究では、心理療法の方法はよく次の3つの潮流に区分されます。それは、フロイトに源をたどることができる精神力動（精神分析）、パブロフの研究に由来する行動主義、ヤコブ・モレノ

から派生した人間性－実存主義です[31]。

　マズローは、人間性－実存主義学派の考えを示すのに「第三勢力の心理学」という言葉を用いました。「第三勢力」のアプローチでは、他の2つの流れ以上に、変化のプロセスにおけるクライエント個人の責任を強調しています。

　もちろん、この「3つの勢力」の間の境界は厳格なものではありません。どんな心理療法でも、それを1つの流れに割り当てるのは、かなり恣意的になるのです。しかし私は、交流分析がどの分類に属するのかを指定しましょう。なぜなら、それが今日の心理療法の分野におけるバーンの地位を判断する助けになる、と信じるからです。

　私の考えはこうです。交流分析は、今日の他のどのアプローチよりも「3つの勢力」すべてに共通した特徴を備えていると思います。このように考えると、3つの間の理解の結合が進むでしょう。

　交流分析が**人間性－実存主義的**心理療法であるという立場は、決して疑われたことはありません。クラークソンは、「主な強調点を人類の自由と自律に置いている」ことで交流分析を「第三勢力」の心理学に位置づけるバランスを選んでいます[31]。これは、バーンの同僚クロード・シュタイナーの姿勢でもあるのです[28]。バーン自身、交流分析とゲシュタルト療法、交流分析と実存主義的心理療法との緊密な結びつきを指摘していました[33]。

　一見しただけでは、交流分析と**行動主義**学派との結びつきを見つけることは難しいでしょう。その比較についてバーン自身は、「脚本理論は行動主義ではない」という簡単な意見を除き、何も言わないでいました[16]。しかし日常の心理療法の実践では、今日の交流分析家と行動療法家の両者には、いくつか容易に認め合えそうな共通の特徴が存在します。

　行動療法家は、自分の流派の治療スタイルについて、次のように述べています。

> 　行動療法家は、冷淡で距離をとるのではなく、積極的に治療のプロセスに関与し、しばしば患者と暖かく共感的な関係を作る。……心理療法家は、すべての関連情報を集めた上で、それぞれの患者個人のニーズに合わせた現実的な治療プログラムを計画する。目標の交渉がアプローチの要点である。それゆえ、治療のペースの変更を認める治療者側の柔軟性は、……治療スタイルの本質的な要素である[34]。

　言い換えるなら、次のようです。心理療法家とクライエントは、「私はOK、あなたもOK」の関係から共に積極的に治療に参加します。心理療法家は、システマティックな、しかし柔軟な治療計画を作ります。変化のゴールについて、相互に契約を作るプロセスで同意が行なわれます。言語は異なっているものの、行動療法のこれらす

べての特徴はまた、先のバーン方式の解説に通じているでしょう。

交流分析と**精神力動**の思想の潮流との第3の結びつきは、交流分析の多彩な長い歴史の間で、最もあいまいにされてきたものです。もちろんこのことは、過度に単純化された自我状態の「価値－思考－感情」バージョンのモデルの広い流布に、源流をたどることができます。すでに述べたように、モデルの歪曲によって、交流分析理論から「転移」の考えとの重大な関連性が奪われてしまいました。その上この歪曲のために、バーンの体系をフェダーン、ワイス、フロイトの業績という歴史的な先行研究の上に位置づけることも、乱されてしまいました。

しかし、私が今日の心理療法の3大潮流のいずれか1つに交流分析を入れるとすれば、<u>精神力動（精神分析）学派を選ぶ</u>でしょう。バーン自身、いつものたとえの言語を使い、自分の理論の<u>精神力動的な基礎</u>を指摘しました。

>　認識の方法として、構造の分析がリンゴであるとすれば、精神力動はその芯であると言える。注意深い学生には、リンゴの中に芯がきちんと入っているのが見えるだろう。短気を起こして力ずくでリンゴを芯に押し込もうとすると、治療経験の実りをみじめなでき損ないにしてしまうだけだ[35]。

今日の尊敬すべき精神力動学派の論者マイケル・ヤコブは、交流分析を明白に精神力動的アプローチとして位置づけています。「精神力動的」という言葉そのものの意味を論じているとき、この関連に触れているのです。

>　「精神力動的」というのは……精神（the psyche）が……活動していて、静的でない状態を言う。……「精神力動」という言葉が他ととくに異なるのは、精神の活動が人々や自己の外的対象に限定されていないことである。……活動はまた、自分自身との関係、精神内部でも起こる。……精神の内部で、また我々と他の人々との間で力動がある。……
>
>　交流分析は、他の精神力動理論とはまったく異なっているが、それにはまた、「親」「成人」「子ども」という3つの部分からなる記述がある。これらの自我状態は、二人の間、たとえば単に「親」と「子ども」の関係を記述するだけでなく、内面にも適用される──「あなたの（内面の）『親』があなたの（内面の）『子ども』に難くせをつけている」[36]。

ヤコブが指摘するように、バーンの自我状態のモデルは、構成する「部品」のセットとしてパーソナリティを理解しようと努めてきた精神力動学派の理論家たちの1つ

第五章　バーンの全般的な影響　│　181

のやり方に過ぎません。ヤコブの議論は、交流分析を本来精神力動的な治療と考える私の理論をうまくまとめてくれました。交流分析の中心には構造のモデルがあり、構造のモデルの核には精神力動学派の考え方があるのです。

　要約すると、まず三角形の図を想像してみます。各コーナーは、3つの思想の潮流それぞれ——精神力動学派、行動主義学派、人間性−実存主義学派——の「理想のタイプ」、すなわち純粋なバージョンを代表するとしましょう。そこで私は、交流分析を三角形の中で精神力動学派のコーナー近くに置くでしょう。しかも、他の2つのコーナーにも手の届く範囲に、です。私の「最高のケースのシナリオ」では、「これが、20世紀の終わりまでに交流分析がより広い分野の専門家によって眺められる展望であろう」と予言します。

　交流分析が心理療法の思想の3大潮流のすべての特徴を持っていたとしたら、バーンの理論と実践は他のアプローチに何を提供できるでしょうか？

バーンの交流分析は他の心理療法に何を提供できるのか？

　本書はバーンの影響を検討するのが目的なので、ここではバーン自身の貢献についてのみ語ることにします。これは、バーン以後の交流分析家たちが、すでに他の心理療法の理論と実践に貢献した業績を過小評価するものではありません。

　2001年に専門家たちがバーンの業績を顧みるときには、バーンが心理療法に2つの大きな貢献をしたことを記録するだろう、と私は信じています。

1. バーンは、転移を系統的に観察することができる、人の精神力動理論を打ち立てた。その理論は、よく知られる4つの日常語的表現、すなわち自我状態、やり取り、心理ゲーム、脚本から成っている。
2. バーンは、臨床の契約方式を開発した。契約のゴールは、行動上のもので、測定可能な表現でなされるが、またそれは内部の精神の変化と結びついたものである。

　すでに私は、前の章でこれらの貢献について述べました。ここでは、その貢献を簡単に復習し、他の心理療法に役立つと思われるいくつかの点を具体的にあげてみましょう。

観察による予測の理論：これは、これまでみてきたように、本書全体を貫くテーマで

した。要約するなら、バーンのシステムの基礎は**構造のモデル**であり、「自我状態の移動は、観察できる行動の変化によってかなり確実にわかる」と仮定するものです。

これによって、コミュニケーションで活動する自我状態を見分けるための、観察できるいろいろな手がかりが得られる**やり取り**の理論を構築することができます。「子ども」や「親」の自我状態が働いているときは、定義により、当事者（一方ないし両方）は転移ないし逆転移に入ったことになります。

心理ゲームは繰り返し行なわれる一連のやり取りで、起源はいつも転移にあり、また連続するはっきりした6つのステップのパターンがあります。このパターンも、観察できるものです。

脚本は「転移ドラマ」であり、個人がそれに気づくことなく生涯を終えるかもしれない前意識の人生計画です。脚本自体は観察できませんが、たとえば個人好みの心理ゲームの選択など、観察できる出来事から脚本を推論することができます。

私は、これから10年もすれば、バーンの業績のこの特徴は、交流分析の故郷である精神力動学派の内部でもとくに評価されると信じています。今日の精神力動的アプローチの中で交流分析に一番近い考え方の１つに、マランの「焦点づけ短期精神療法」があります。著書『Individual Psychotherapy and the Science of Psychodynamics（心理療法の臨床と科学）』でマランは、効果的な心理療法で最も重要と考えられる２つの特徴を繰り返し強調しています[37]。その１つはクライエントと心理療法家とのラポールであり、もう１つは治療同盟の形成です（交流分析家は、「治療同盟」を「成人同盟」と呼ぶかもしれません）。

今や、「観察の可能性を強調するバーンのアプローチは、心理療法家がシステマティックにゴールを達成することを容易にする」ことをわかっていただけたと思います。

より一般に言えば、もちろん精神力動的精神療法は診療室の内外における転移と逆転移のパターンを探索することが中心になっています。ここで、バーンの枠組みがこのプロセスに役立つことは明らかでしょう。結局、バーン理論は**そのためのもの**なのです。

またベテランの臨床家にとって、自分の技術を他人に教えることがやさしくなります。交流分析の枠組みにおいて、ラポールと治療同盟は、直観と主観的な体験を通じてだけでなく、具体的に観察できる行動に注意を払うことによって築かれます。転移と逆転移の相互作用も、自我状態の移動、やり取り、心理ゲームを観察することにより、その跡をたどることができます。同様に、心理療法家の反応も、行動によって具体的に明示することができます。このように比較的容易に再現することができるので、他人に伝えやすくなるのです。

第五章　バーンの全般的な影響

契約方式：バーンのバージョンの契約方式は、これから10年後、3大潮流すべての心理療法に貢献しているだろう、と私は予言します。前にも述べましたが、私の「最高のケースのシナリオ」では、交流分析家がバーンの考えをそのまま伝えていることが前提となります。

治療契約は、行動主義と精神力動の両派のワークですでに心理療法家に親しまれるものになっています。私は、バーンの契約的なアプローチは、両派に追加資源を提供できるものと信じています。

交流分析の実践に最も近いものは、上記のオーサリバンの引用文[34]で書かれているように、今日の行動療法家の契約スタイルです。その契約は、ゴールが計量できる記述で書かれ、クライエントと心理療法家との間で相互に同意されまるのです。バーンは、「両当事者は、同意した行動のゴールが達成されることでどのような内部の精神の変化が起こるのか、十分に注意しなければならない」と忠告しています。

精神力動のワークの中には、「契約」がセッションの回数への同意だけを意味することがあります（バーンの言葉では、これは管理上の契約の1条項に過ぎません）。「焦点づけ短期精神療法」が用いられるとき、その契約には心理療法が解決しようとする具体的な問題も明示されるでしょう。私は、契約作成についてのバーンのアプローチによって有用な2つの貢献ができる、と思います。

第1に、心理療法の目的を、解決すべき問題の用語としてよりも達成すべきゴールの用語として設定すること。

第2に、ゴールを、観察でき、計量できるものにすること。

このような特徴はさらに、バーンが述べた次のメリットをもたらします。それは、誤解の余地がない変化への相互同意といつ変化が達成できたかを客観的に知る手段を与えます。また、「成人」対「成人」の契約により、マランが高くほめる「治療同盟」を築くことができます。

人間性—実存主義的潮流の心理療法では、契約作成はしばしば避けられてきました。それは「自己実現への本人の自然な欲求を制約するもの」とみられてきたからです。しかし私は、それから10年経ち、多くのゲシュタルト療法家、人間中心的アプローチのカウンセラー、実存主義的な心理療法家は、バーンの契約方式についての考えを取り入れているだろう、と信じています。

バーンのいう意味での契約は柔軟性があって硬直していませんが、その点彼らは評価しています。契約は、どの時点でも明瞭に具体的に述べることができるだけでなく、いつでも再交渉することができます。クライエントの成長と共に、契約も成長していくのです。全体を通してのメリットは、クライエントと心理療法家が一緒に行なうワークの目標と方法がいつも明らかになっていることです。契約は「私はＯＫ、あ

なたもＯＫ」の立場から率直に交渉できるので、人間性の哲学とよく調和する相互関係の要素を組み込んだものになっているのです。

コミュニケーターとしてのバーンの貢献

　これまで私は、バーンのコミュニケーションのスキルをあたかも「小粒の悪党」であるかのように書いてきました。私は、**『あなたが演じる心理ゲーム』**の大成功が交流分析の発展が袋小路に入る始まりだった、と述べました。バーンの単純な言語の使用がどのように誤解と非難を招いたかも指摘してきました。しかし**『あなたが演じる心理ゲーム』**は、結局数百万部も売れました。

　すべての読者がメディアの大宣伝の犠牲になったのでしょうか？　あるいは読者は、バーンの専門的批評家たちが見過ごしたところに、ポジティブな価値を見出だしたのでしょうか？　どちらが正しかったのだろうか、と私は考えます。

　私はこれには両面があり、両面とも真実であると考えます。簡単な用語で伝えたいばかりに、他の多くの専門家からバーンは広く誤解され、過小評価されました。今日の日常語の言語で言えば、バーンは「自分で自分の足を撃ってしまった」のです。私は、今日の交流分析家たちはまさにこの誤解を追い払うことに関心を払って努力してきた、と信じています。私が本書で書いたように、彼らもまた、バーンの心理療法へのアプローチを特徴づける、理論の堅実さと実践の健全さを指摘してきました。

　そのプロセスで、彼らはバーンの業績の他のいくつかの特徴を軽視してしまいました。実は軽視された特徴こそ、バーンをメディアのヒーローに押し上げた特質なのですが。すなわち、**イマジネーションの新鮮さ**、**考えの独創性**、**用語の簡便さ**など、これらすべては今なおバーンが心理療法家やクライエントに提供できる本物の贈り物である、と私は信じています。

　どう考えても、バーンの業績の誤解は簡単な言語の使用によって**引き起こされた**ものではありません。それは言語の**背後にある**考えが誤解されたり、歪曲されたりしたバージョンで提供されたために起こった誤解でした。

　交流分析は、まさにバーンの考えに対する損傷を修復する途中です。私は、我々はバーンの業績の他の特徴を再認識する勇気を持つ必要がある、と信じています。それは、**率直さ**、**独創性**、**簡便さ**です。

　私の考えでは、この指摘は幅広い読者に交流分析の「言葉を広げる」ことを主な目的にしたものではありません。むしろ、新鮮な考えと率直な言語は、**心理療法の目的**そのもののために必要であり、バーンがそうしたいと意図したものなのです。すなわ

ち、心理療法のプロセスで、クライエントが心理療法家と同等に積極的な役割を演じる力を持つように援助するためのものなのです。

「言語は単純に経験を述べるものではない。むしろ言葉は、述べる経験を形づくるのに役立つ」というのは、今では陳腐なことかもしれません。しかしこれは、バーンの目的を説明するために多少役に立つと思います。率直な言葉と明瞭に述べられた考えによって、心理療法中のクライエントは、自分の経験を理解し、変化し始める一組の道具をすぐに手に入れることができるのです。

コーベルやヤロムのような批判者たちが重要なポイントを見失っているのはここだ、と私は信じています。彼らは、簡便な生き生きとした言語は、過度に単純化した理論か、まったく取り替えられた理論かの反映である、と決めてかかりました。

私は本書で、異なった考えを述べて反論しました。それは、率直な言葉は厳密で深遠な理論を述べるのに用いることができる、というものです。しかも、明瞭で簡便な言葉にはその目的があります。すなわち、理論を把握して使うことができる「取っ手」を提供するのです。

私は、交流分析家たちは2001年までに「エリック・バーンがうまくできなかったバランスの取れた行動で成功するだろう」と予言します。彼らは、交流分析の外の専門家たちも認め、評価し、役に立つことがわかるやり方で、交流分析の真実をうまく伝えているでしょう。しかも、偉大なコミュニケーター、エリック・バーンから受け継いだ、生き生きとした、独創的な、しかも簡便な方法で、それをやり遂げていることでしょう。

文　献

1) Masson, J. (1990): Against Therapy. London: Fontana.
2) International Transactional Analysis Association (1991): International Catalog of Member Services. San Francisco: ITAA.
3) Bernes, G. (1977): 'Introduction', in G. Bernes(ed.) Transactional Analysis After Eric Berne: Teaching and Practices of Three TA Schools. New York: Harper's College Press.
4) Clarkson, P. (1991): Transactional Analysis Psychotherapy. London: Routledge.
5) Stern, E. (ed.) (1984): TA: the State of the Art. Dordrecht: Foris.
6) Stewart, I. and V. Joines (1987): TA Today: a New Introduction to Transactional Analysis. Nottingham: Lifespace.
7) Stewart, I. (1989): Transactional Analysis Counselling in Action. London: Sage.
8) Karpman, K. (1968): Fairy Tales and Script Drama Analysis, Transactional Analysis Journal 7(26): 39-43.
9) Ernst, F. (1971): The OK Corral: the Grid for Get-On-With, Transactional Analysis Journal 1(4): 231-40.
10) Dusay, J. (1972): Egograms and the Constancy Hypothesis, Transactional Analysis Journal 2(3): 37-42.
11) Berne. E. (1970): Eric Berne as Group Therapist, Roche Report: Frontiers of Hospital Psychiatry 7(10). Reprinted in Transactional Analysis Bulletin 9(35): 75-83.
12) Goulding, M. and R. Goulding (1978): The Power is in the Patients. San Francisco: TA Press.
13) Goulding, M. and R. Goulding (1979): Changing Lives Through Redecision Therapy. New York: Brunner-Mazel.
14) Kadis, L. (ed.) (1985): Redecision Therapy: Expanded Perspectives. Watsonville: Western Institute for Group and Family Therapy.
15) Goulding, R. (1985): History of Redecision Therapy, in L. Kadis (ed.) Redecisional Therapy: Expanded Perspectives Watsonville: Western Institute for Group and Family Therapy.
16) Berne. E. (1972): What Do You Say After You Say Hello? New York: Grove Press.
17) Shiff, J. et al. (1975): The Cathexis Reader: Transactional Analysis Treatment of Psychosis. New York: Harper and Row.
18) Shiff, J. (1977): One Hundred Children Generate a Lot of TA, in G. Barnes (ed.) Transactional Analysis After Eric Berne: Teachings and Practices of Three TA Schools. New York: Harper's College Press.
19) Berne, E. (1969): Introduction to TAB Issue on Reparenting in Schizophrenia, Transactional Analysis Bulletin 8(31): 45-7.
20) Mellor, K. and E. Sigmund (1975): Discounting, Transactional Analysis Journal 5(3): 295-302.
21) Shiff, A. and J. Shiff (1971): Passivity, Transactional Analysis Journal 1(1): 71-8.
22) Berne, E. (1963): Organizational History of the San Francisco Social Psychiatry Seminars, Transactional Analysis Bulletin 2(5): 45.
23) Berne, E. (1968): History of the ITAA: 1958-1968, Transactional Analysis Bulletin 7(25): 19-20.
24) Steiner, C (1991): Interview: on the Early Years of Transactional Analysis. Waldkirch: A. Kohlhaas-Reith.
25) European Association for Transactional Analysis (1990): EATA Training and Examination Handbook. Geneva: EATA.
26) Callaghan, V. (1971): A Living Euhemerus Never Dies: Section Transactional Analysis Journal 1(1): 66-9.

27) Cheney, W. (1971): Eric Berne: Biographical Sketch Transactional Analysis Journal (1): 14-22. Reprinted in Steiner, C. and C. Kerr (eds) (1976) Beyond Games and Scripts. New York: Grove Press.
28) Steiner, C. (1974): Scripts People Live: Analysis of Life Scripts. New York: Grove Press
29) Pilgrim, D. (1990): British Psychotherapy in Context, in W. Dryden (ed.) Individual Therapy: a Handbook Buckingham: Open University Press.
30) Barkham, M. (1990): Research in Individual Therapy, in W. Dryden (ed.) Individual Therapy: a Handbook. Buckingham: Open University Press.
31) Clarkson, P. (1991): Transactional Analysis Psychotherapy. London: Routledge.
32) Maslow, A. (1962): Towards a Psychology of Being. Princeton: Van Nostrand.
33) Berne, E. (1966): Principles of Group Treatment. New York: Oxford University Press.
34) O'Sullivan, G.(1990): Behaviour Therapy, in W. Dryden (ed.) Individual Therapy: a Handbook. Buckingham: Open University Press.
35) Berne, E. (1961): Transactional Analysis in Psychotherapy. New York: Grove Press.
36) Jacobs, M. (1988): Psychodynamic Counselling in Action. London: Sage.
37) Malan, D. (1979): Individual Psychotherapy and the Science of Psychodynamics. London: Butterworths.

日本語への翻訳にあたって

　本書は、すでに日本でも著名な英国の交流分析家イアン・ステュアートの著書『エリック・バーン』の日本語訳です。原著は1992年発行なので、それ以来すでに20年以上も過ぎていますし、また1970年に亡くなったエリック・バーンの理論の解説が主な内容なのですが、驚くべきことにまったく古くなったところがありません。

　交流分析の上級者であっても、バーン理論本来の姿が生き生きと再現されているのをみて、まさに「目からウロコ」といってよいほどの新鮮な感動を覚えるのではないでしょうか。というのも、日本で広まっている交流分析は、バーン死後1980年代までアメリカで展開された流れを受けたものなので、その中ではほとんど触れられていない内容がたくさん盛り込まれているからです。上級者の方もぜひ内容を熟読し、交流分析の体系的な内容を目にしていただきたいと思います。

　実は本書の訳本は、2007年に（株）チーム医療よりで出版されました（諸永好孝訳）。今回、日本交流分析学会がその新訳を担当することになったのですが、新訳にあたっては、交流分析の入門者にも読みやすく、容易に理解できるような工夫を試みました。本書を入門書として手にされた方が本物の交流分析に初めから接触し、交流分析を正しく理解することができるなら、訳者にとってうれしい限りです。なお、本書を読まれる際には、以下の点にご注意ください。

1. 旧訳の「である」調を「です・ます」調に変更した。訳語も、原意を損なわないように注意しながら、日常用いている日本語により近いものを採用した。

2. 原著での強調点は太字で示したが、訳者が入門者にぜひ知っておいてもらいたい強調点を**色字ゴシック体**で示した。

3. 本文中に引用されている交流分析関係の原著の多くは日本語の訳書がないが、翻訳にあたっては、初出時原著名の後に仮の日本語訳名を入れ、それ以降の引用では日本語訳名に統一した。

さて、日本交流分析学会は、1976年の創立以来、また1989年からは日本学術会議に属する団体として学術活動を続けています。その目的は、交流分析の学問的な研究、実践、および普及活動です。そのため年1回の学術大会・総会の開催、機関誌『交流分析研究』の定期刊行、中央研修会などの講習会の開催、実践資格認定を行なっています。

本学会の現在の課題は以下の3つです。

1つは、「学問的研究の深化」です。交流分析は世界的発展を遂げて多数の学派が形成されていますが、その機軸をなすものは創始者バーンの理論で、その理論の正しい理解が本学会の機軸です。

第2に、「組織建設の強化」です。

第3に、文字通り「交流分析の実践と普及」です。これは本学会だけの課題ではなく、日本の他の多くの団体とも協力して進めるべきものです。

以上の3点は、三位一体のものとして解決を考えていかなければならないのですが、本書はその礎になるものと考えています。

* 今回の訳出にあたっては、江花昭一、篠崎信之、島田涼子、細谷紀江が日本交流分析学会訳出プロジェクトに参加した。

2015年10月
日本交流分析学会第40回大会・
日本自律訓練学会第38回大会合同大会を前にして

日本交流分析学会理事長　江花昭一

【プロフィール】

著者
イアン・スチュアート　Ian Stewart

イギリスの交流分析家。エイドリアン・リーとともにバーン研究所（ノッティンガム）で交流分析、NLP、人間性心理学の技法を用いた心理療法、カウンセリング、教育、研究活動を行なっている。オックスフォード大学卒、国際交流分析協会・ヨーロッパ交流分析協会教授会員（TSTA・治療関係）。
著書『交流分析におけるカウンセリング―対人関係の心理学』、共著『TA TODAY―最新・交流分析入門』『交流分析における人格適応論』など多数。

訳者
日本交流分析学会（にほんこうりゅうぶんせきがっかい）

日本に「実践的な心理学」として交流分析を導入した九州大学心療内科教授（当時）故・池見酉次郎を初代理事長として1976年に設立。1989年より日本学術会議に属して活動している。
交流分析の学問的な研究、実践、および普及活動を目的とし、学術大会・総会の開催、機関誌『交流分析研究』の定期刊行、中央研修会などの講習会の開催、実践資格認定（学会認定交流分析士、研修スーパーバイザー）を行なっている。
ホームページ http://www.js-ta.jp/

フロイト、ユング、アドラーを超える心理学（しんりがく）
エリック・バーンの交流分析（こうりゅうぶんせき）

2015年10月10日　初版第一刷発行
2023年 7 月14日　初版第三刷発行

著　者　イアン・スチュアート
訳　者　日本交流分析学会
発行者　岩野裕一
発行所　株式会社実業之日本社
〒107-0062　東京都港区南青山6-6-22
emergence 2
【編集部】TEL.03-6809-0452
【販売部】TEL.03-6809-0495
実業之日本社のホームページ　https://www.j-n.co.jp/
印刷・製本　大日本印刷株式会社

©Ian Stewart 2015 Printed in Japan
ISBN978-4-408-45570-9（学芸）
落丁・乱丁の場合は小社でお取り換えいたします。

本書の一部あるいは全部を無断で複写・複製（コピー、スキャン、デジタル化等）・転載することは、法律で定められた場合を除き、禁じられています。また、購入者以外の第三者による本書のいかなる電子複製も一切認められておりません。落丁・乱丁（ページ順序の間違いや抜け落ち）の場合は、ご面倒でも購入された書店名を明記して、小社販売部あてにお送りください。送料小社負担でお取り替えいたします。ただし、古書店等で購入したものについてはお取り替えできません。定価はカバーに表示してあります。
小社のプライバシー・ポリシー（個人情報の取り扱い）は上記ホームページをご覧ください。